［新版］
ロシア語で読む
星の王子さま

Антуан де Сент-Экзюпери
Маленький Принц

CD付

八島 雅彦 訳注

［原著者］
サン・テグジュペリ

［ロシア語訳者］
ノーラ・ガリ

東洋書店新社

Russian Translation of
Antoine de Saint-Exupéry
"LE PETIT PRINCE,"
translated by Nora Gall

Nora Gall's Russian text
copyright © 1992
by Edvarda Kuzmina

This edition is arranged
with FTM Agency Ltd.,
through Japan UNI Agency, Inc.

はじめに

　ロシア語を学び始めて半年、あるいは一年が過ぎると、そろそろロシア語で何か読めないかな、とだれしもが思うものです。ところが実際には、その願いはなかなかかなえられません。

　単語一つをとっても、動詞にしろ名詞にしろ、いったん形が変わってしまうと、辞書を引くのもひと苦労で、なかなか先へ進むことができません。

　また、読みたいものと読めるもののギャップもなかなか埋めることができないのが現実です。語学のレベルが不十分とはいえ、こちらは本格的なものを求めているのに、与えられるものは内容にとぼしいものばかり、── それではせっかくの学習意欲も半減してしまいます。

　学習者のこうした悩みに応える素晴しいアイディアを思いついたのが東洋書店の小沼利英氏です。小沼氏は『星の王子さま』のロシア語版がロシア語としてすぐれていることを見極めた上で、これを学習者向けの本として提供することを思いついたのでした。企画の立案者である小沼氏との共同作業から生まれたのが、このロシア語で読む『星の王子さま』です。この本はダイジェスト版でも、易しく書き直したものでもありません。そういう意味では本書は初級者向けではないかもしれません。けれども初級者にこそ本書を手にしてもらいたい、という思いから、スペースの許す限り、できるだけ詳しく注をつけました。

　単数と複数で力点の移動する名詞や不規則動詞の変化など、ごく初歩的な項目にも注意を払ったつもりです。何度も同じような注をつけた単語もありますが、繰り返すことが語学では大事だと考えてのことです。文法的にわからない部分もあるかもしれませんが、とにかく読み進むうちには、似たような言い回しが何度か繰り返され、そのうちに慣れてくる表現もあると思います。文法の理屈も大事ですが、習うより慣れよ、も語学の大切な部分であると思われます。中には、語注も面倒だという人もいるかもしれませんが、そのような方は、対訳を頼りに、とにかく読み進めていただきたいと思います。

けれども、この本でロシア語を学ぶみなさんを一番励ましてくれるのは、語注でも、対訳でもなく、実は「星の王子さま」その人かもしれません。この作品の随所に見られる、一見簡単に見える言葉のもつ思想的な深みは、ロシア語に移されても少しも失われてはいません。大切なことさえわかっているなら、言葉の壁など本質的なことではないよ、と「星の王子さま」が空の高いところから、微笑みかけてくれているようです。

　この『星の王子さま』をフランス語からロシア語に訳したノーラ・ガリ（1912－91）は英語とフランス語に秀でた翻訳家で、サン・テグジュペリのほか、フランス文学ではカミュ、英米文学ではモームやサリンジャーなどの作品も訳しており、その語学センスは十分に信頼できるものです。その意味で、このロシア語版『星の王子さま』はあくまで翻訳書ではありますが、立派なロシア語の文学作品になっていると思います。ですから、ここに使われているロシア語をものにすることは、大いに意味のあることです。

　『星の王子さま』はロシア語版では原題に忠実に『小さな王子さま』となっていますが、本書ではわれわれ日本人にとってすでになじみの深い名前になっている「星の王子さま」で統一しました。

　本書には朗読ＣＤをつけています。収録時間の都合で、割愛せざるをえなかった部分もありますが、耳から入るロシア語が、目から入るロシア語以上に魅力的であることが、これで実感していただけると思います。

　なお、本書は、2014年に東洋書店から刊行され、版元の廃業によって入手困難となっていた『ロシア語で読む　星の王子さまＣＤ付き』を装いを新たに復刊するものです。

2016年3月

八島　雅彦

Антуан де Сент-Экзюпери

МА́ЛЕНЬКИЙ ПРИНЦ

Лео́ну Ве́рту

Прошу́ дете́й прости́ть меня́ за то, что я посвяти́л э́ту кни́жку взро́слому. Скажу́ в оправда́ние: э́тот взро́слый — мой са́мый лу́чший друг. И ещё: он понима́ет всё на све́те, да́же де́тские кни́жки. И, наконе́ц, он живёт во Фра́нции, а там сейча́с го́лодно и хо́лодно. И он о́чень нужда́ется в утеше́нии. Е́сли же всё э́то меня́ не опра́вдывает, я посвящу́ э́ту кни́жку тому́ ма́льчику, каки́м был когда́-то мой взро́слый друг. Ведь все взро́слые снача́ла бы́ли детьми́, то́лько ма́ло кто из них об э́том по́мнит. Ита́к, я исправля́ю посвяще́ние:

Лео́ну Ве́рту,
    когда́ он был ма́леньким.

Антуа́н де Сент-Экзюпери́ アントワーヌ・ド・サン＝テグジュペリ (Antoine de Saint-Exupéry). Лео́н Верт レオン・ヴェルト (Léon Werth). проси́ть＋対格＋不定形 〜に…するように頼む. дете́й＜де́ти (子どもたち) の対格. прости́ть＋対格＋за то, что … что 以下のことに対して〜を許す. посвяти́ть 捧げる (посвящу́, посвяти́шь…посвятя́т). взро́слый おとな (形容詞変化、взро́слому は与格). сказа́ть в оправда́ние 弁明する. са́мый лу́чший 最良の (最上級 лу́чший にさらに са́мый をつけて強調した言い方).

アントワーヌ・ド・サン＝テグジュペリ

星の王子さま

レオン・ヴェルトに

　子どものみなさんには、わたしがこの本をおとなの人に捧げたことをお詫びしたいと思います。言いわけをしましょう。このおとなの人は、わたしの大の親友なのです。そしてさらに、この人は、世の中のことなら何でも、子どもの本のことさえわかっているのです。そして最後に、この人は、フランスに住んでいるのですが、そこは、今、ひもじくて、寒いのです。ですから、その人には、とてもなぐさめが必要なのです。もしも、これでは言いわけにならないというのでしたら、わたしはこの本を、子どもだったころの親友に捧げましょう。というのも、おとなはみんな、はじめは子どもだったのですから。もっとも、そのことをおぼえているおとなはわずかですが。そういうわけで、献呈の辞を訂正しましょう。

　　　　子どもだったころの
　　　　　　レオン・ヴェルトに

го́лодно 飢えた．нужда́ться в+ 前置格 〜を必要とする．утеше́ние なぐさめ．опра́вдывать 正しいと認める、正当化する．тот ма́льчик, каки́м был когда́-то мой взро́слый друг わたしのおとなの友人がかつてそうであったところの子ども（како́й は関係詞、каки́м は述語の造格）．детьми́＜де́ти の造格（これも述語の造格）．ма́ло кто 〜する人は少ない．из них 彼らのうちで．исправля́ть 訂正する．посвяще́ние 献辞．

Когда́ мне бы́ло шесть лет, в кни́ге под назва́нием «Правди́вые исто́рии», где расска́зывалось про де́вственные леса́, я уви́дел одна́жды удиви́тельную карти́нку. На карти́нке огро́мная змея́ — уда́в — глота́ла хи́щного зве́ря. Вот как э́то бы́ло нарисо́вано:

В кни́ге говори́лось: «Уда́в заглатывает свою́ же́ртву целико́м, не жуя́. По́сле э́того он уже́ не мо́жет шевельну́ться и спит полго́да подря́д, пока́ не перева́рит пи́щу».

под назва́нием 〜という題名の. правди́вый ほんとうの、真実の. исто́рия 話、物語. расска́зываться 物語られる. про+対格 〜について. де́вственный лес 処女林、原生林 (лес の複数形は леса́). карти́нка 絵、挿絵. змея́ ヘビ. уда́в ボア、ウワバミ. глота́ть 飲み込む. хи́щный зверь 猛獣、肉食獣. вот как まさにこのように. нарисо́вано 書かれた (нарисова́ть の被動形動詞過去 нарисо́ванный の短語尾・中性形).

Ⅰ

　わたしが６歳のとき、『ほんとうのお話』という題の、原始林についてのお話の本で、わたしは、あるとき、驚くべき挿絵を見ました。それはボアという巨大なヘビが猛獣を飲み込んでいる挿絵でした。それはちょうどこんなふうに描いてありました。

　本には、こう書いてありました。『大蛇ボアは獲物を、かまずに、いっぺんにぱくりと飲み込みます。飲み込んだあとは、もう身動きもできず、食べ物を消化してしまうまで、半年ものあいだ、ずっと眠っています』

говори́ться　話される．загла́тывать　一息に飲み込む．целико́м　丸ごと．жуя＜жева́ть（かむ）の副動詞（現在変化は жую́, жуёшь...жую́т）．шевельну́ться　身動きする．спит＜спать　眠る（сплю, спишь...спят）．полго́да　半年．подря́д　続けて．пока́ не ～　～しないうちは、～するまで．перевари́ть　消化する．пи́ща　食べ物．

Я мно́го разду́мывал о по́лной приключе́ний жи́зни джу́нглей и то́же нарисова́л цветны́м карандашо́м свою́ пе́рвую карти́нку. Э́то был мой рису́нок № 1. Вот что я нарисова́л:

Я показа́л моё творе́ние взро́слым и спроси́л, не стра́шно ли им.
— Ра́зве шля́па стра́шная? — возрази́ли мне.
А э́то была́ совсе́м не шля́па. Э́то был уда́в, кото́рый проглоти́л слона́. Тогда́ я нарисова́л уда́ва изнутри́, чтобы взро́слым бы́ло поня́тнее. Им ведь всегда́ ну́жно всё объясня́ть. Вот мой рису́нок № 2:

Взро́слые посове́товали мне не рисова́ть змей ни снару́жи, ни изнутри́, а побо́льше интересова́ться геогра́фией, исто́рией, арифме́тикой и правописа́нием. Вот как случи́лось, что шести́ лет я отказа́лся от блестя́щей карье́ры худо́жника. Потерпе́в неуда́чу с рису́нками № 1 и № 2, я утра́тил ве́ру в себя́. Взро́слые никогда́ ничего́ не понима́ют са́ми, а для дете́й о́чень утоми́тельно без конца́ им всё объясня́ть и растолко́вывать.

разду́мывать あれこれ思いめぐらす. по́лный＋生格 〜でいっぱいの. по́лная приключе́ний жизнь 冒険でいっぱいの生活. джу́нгли ジャングル (複数形で用いる、джу́нглей は生格). цветно́й каранда́ш 色鉛筆. № 1 но́мер оди́н と読む. вот что まさにこれが. творе́ние 創造物、作品. не стра́шно ли им 間接疑問 (＝«Вам не стра́шно?»). возрази́ть 反対する. проглоти́ть 飲み込んでしまう. слон 象. изнутри́ 内側から. чтобы＋過去形 〜するために. поня́тнее＜поня́тно の比較級.

わたしは冒険に満ちみちたジャングルのくらしをあれこれ考え、そして同じように色鉛筆で最初の絵を描いたのでした。それがわたしの絵の第1号でした。これが、その絵です。

　わたしはおとなたちに自分の作品を見せて、こわくないかとたずねました。
　「帽子がこわいなんてことがあるかい？」と、わたしは反論されました。
　でも、それは帽子なんかではなかったのです。それは象を飲み込んだ大蛇ボアだったのです。そこでわたしは、おとなたちにもっとわかりやすいように、ボアを内側から描きました。いつだって、おとなたちには全部説明しなくてはならないのですから。これがわたしの絵の第2号です。

　おとなたちはわたしに、ヘビを外側から描いたり、内側から描いたりするのではなく、もっと、地理や歴史や算数や正しい字の書き方に興味をもったほうがいいと忠告しました。そういうわけで、わたしは6歳のときに画家というすばらしい職業をあきらめることになったのです。わたしは絵の第1号と第2号の失敗によって、すっかり自信をなくしてしまいました。おとなたちは自分たちだけでは何も決してわからないものですが、子どもたちにとって、何から何までおとなたちにひっきりなしに説明し、わからせることは、ひどく骨の折れることです。

посове́товать＋与格＋不定形　～に…するようにすすめる. змей　зме́яの複数生格. снару́жи　外から. интересова́ться＋造格　～に興味がある. правописа́ние　正字法、正書法. случи́лось, что ～　～ということになった. шести́ лет　6歳で（шести́ は生格）＝в шесть лет. отказа́ться от＋生格　～を断念する. потерпе́ть неуда́чу　失敗する（потерпе́в は副動詞）. с＋造格　～に関して. утра́тить　失う. ве́ра в себя́　自信. утоми́тельно　うんざりだ. без конца́　果てしなく. растолко́вывать　くわしく説明する.

Итáк, мне пришлóсь выбирáть другýю профéссию, и я вы́учился на лётчика. Облетéл я чуть ли не весь свет. И геогрáфия, по прáвде сказáть, мне óчень пригоди́лась. Я умéл с пéрвого взгля́да отличи́ть Китáй от Аризóны. Это óчень полéзно, éсли нóчью собьёшься с пути́.

На своём векý я мнóго встречáл рáзных серьёзных людéй. Я дóлго жил средѝ взрóслых. Я ви́дел их совсéм бли́зко. И от э́того, признáться, не стал дýмать о них лýчше.

Когдá я встречáл взрóслого, котóрый казáлся мне разýмней и поня́тливей други́х, я покáзывал емý свой рисýнок № 1 — я егó сохрани́л и всегдá носи́л с собóю. Я хотéл знать, впрáвду ли э́тот человéк чтó-то понимáет. Но все они́ отвечáли мне: «Э́то шля́па». И я ужé не говори́л с ни́ми ни об удáвах, ни о джýнглях, ни о звёздах. Я применя́лся к их поня́тиям. Я говори́л с ни́ми об игрé в бридж и гольф, о поли́тике и о гáлстуках. И взрóслые бы́ли óчень довóльны, что познакóмились с таки́м здравомы́слящим человéком.

1 ここまで)

CD 2

Так я жил в одинóчестве, и нé с кем бы́ло мне поговори́ть по душáм. И вот шесть лет назáд пришлóсь мне сдéлать вы́нужденную посáдку в Сахáре. Чтó-то сломáлось в мотóре моегó самолёта. Со мной нé было ни механика, ни пассажи́ров, и я реши́л, что попрóбую сам всё почини́ть, хоть э́то и óчень трýдно. Нáдо бы́ло испрáвить мотóр и́ли поги́бнуть. Воды́ у меня́ едвá хвати́ло бы на недéлю.

прийти́сь＋不定形 ～せざるをえない．вы́учиться на＋対格 ～になるために勉強する．облетéть まわりを飛ぶ．чуть ли не ほとんど．по прáвде сказáть 実を言うと．пригоди́ться 役に立つ．с пéрвого взгля́да ひと目で．отличи́ть＋対格＋от＋生格 ～と…を見分ける．собьёшься＜сби́ться：сби́ться с пути́ 道に迷う．на своём векý 一生のあいだに．среди́＋生格 ～のあいだにまじって．от э́того そのせいで．признáться 告白する（ここは挿入語＝признаю́сь 実は）．стать＋不定形 ～するようになる．казáться ～のように見える．разýмный 分別のある．поня́тливый のみこみの早い．други́х ほかの人たちより（比較級のあとの生格）．

そういうわけで、わたしは別の職業を選択しなければならず、パイロットになる勉強をしたのでした。わたしはほとんど世界中を飛んでまわりました。そして、実を言うと、地理はとても役に立ちました。わたしは中国とアリゾナをひと目で区別することができたのです。こういうことは夜中に進路からはずれてしまったときなど、とても有益です。

　わたしは一生のあいだに、いろいろ立派な人たちにたくさん出会いました。おとなたちのあいだでずっと暮らしました。おとなたちをすぐ近くで見てきました。でも正直なところ、そのせいでおとなたちのことをよく思うようにはなりませんでした。

　わたしはほかの人より道理のわかった、ものわかりのよさそうなおとなに出会うと、自分の絵の第1号を見せました —— それはとってあって、いつももち歩いていたのです。わたしはその人が本当にもののわかる人なのか、知りたかったのです。けれども、みんなこう答えました。「これは帽子だ」と。そうなると、わたしはもはや、その人たちとは、大蛇ボアについても、ジャングルについても、星についても話しませんでした。わたしはその人たちの頭に話を合わせました。トランプのブリッジやゴルフや政治やネクタイの話をしたのです。するとおとなたちは、かくも良識ある人物と知り合えたと、とても満足するのでした。

　こうしてわたしは一人ぼっちで暮らし、心から話せる人はだれもいませんでした。ところが6年前のこと、わたしはサハラ砂漠に不時着するはめになりました。わたしの飛行機のエンジンがどこか故障したのです。機関士も乗客もいっしょではなかったので、わたしは、とてもむずかしいことではありましたが、自分で全部なおしてみることに決めました。エンジンを修理するか、あるいは破滅するしかなかったのです。もっていた水は1週間もつかどうかというところでした。

сохрани́ть　保管する．с собо́ю　身につけて．впра́вду　本当に．применя́ться к + 与格　～に順応する．поня́тия　理解力．дово́льны, что...　～に満足する．здравомы́слящий　良識のある．одино́чество　孤独．не́ с кем поговори́ть　話し相手がいない．по душа́м　腹を割って．шесть лет наза́д　6年前に．вы́нужденная поса́дка　不時着．Caxа́pa　サハラ砂漠．слома́ться　こわれる．мото́р　エンジン．меха́ник　機関士．попро́бовать　試みる．почини́ть　修理する．хоть　～とはいえ．испра́вить　なおす．поги́бнуть　破滅する．едва́　やっと、かろうじて．хвати́ть　足りる、十分である．（生格をとる）．

Итáк, в пéрвый вéчер я уснýл на пескé в пустыне, где на тысячи миль вокрýг нé было никакóго жилья́. Человéк, потерпéвший кораблекрушéние и затéрянный на плотý посредú океáна, и тот был бы не так одинóк. Вообразúте же моё удивлéние, когдá на рассвéте меня́ разбудúл чéй-то тóненький голосóк. Он сказáл:

— Пожáлуйста... нарисýй мне барáшка!
— А?...
— Нарисýй мне барáшка...

Я вскочúл, тóчно надо мнóю гря́нул гром. Протёр глазá. Нáчал осмáтриваться. И вúжу — стоúт необыкновéнный какóй-то малы́ш и серьёзно меня́ разгля́дывает. Вот сáмый лýчший егó портрéт, какóй мне пóсле удалóсь нарисовáть. Но на моём рисýнке он, конéчно, далекó не так хорóш, как был на сáмом дéле. Э́то не моя́ винá. Когдá мне бы́ло шесть лет, взрóслые внушúли мне, что худóжника из меня́ не вы́йдет, и я ничегó не научúлся рисовáть, крóме удáвов — снарýжи и изнутрú.

уснýть 寝入る. пескé＜песóк 砂. пусты́ня 砂漠. на ты́сячи миль вокрýг 周囲何千マイルにわたって. жильё 住居. потерпéть кораблекрушéние 難破する. затéрянный＜затеря́ть（なくす、紛失する）の被動形過去. плот いかだ. одинóкий 一人ぼっちの. рассвéт 夜明け. разбудúть 起こす. нарисýй＜нарисовáть（描く）の命令形. барáшек 子羊. вскочúть 飛び上がる. тóчно まるで、あたかも. гря́нуть 鳴り響く. гром 雷.

こうして、わたしは、最初の晩、まわりの何千マイルにもわたってひとつの住居もない砂漠の砂の上で、眠りについたのでした。船が難破して、大海原のまん中でいかだに取り残された人も、これほど一人ぼっちではなかったでしょう。ですから、明け方になって、だれかのかぼそい声がわたしを起こしたときのわたしの驚きを想像してください。その声はこう言いました。

「お願い…　ぼくに子羊を描いて！」
「え？…」
「ぼくに子羊を描いて…」
　わたしは、頭の上で雷が鳴ったみたいに、飛び起きました。目をこすりました。あたりを見回しました。すると真剣な顔でわたしをじっと見つめている、一風変わった、どこかの坊やが立っているのです。これが、その後、わたしが描くことのできた一番いい彼の肖像画です。でも、わたしの挿絵の彼は、もちろん、実物にくらべて、まったくすてきではありません。それはわたしの罪ではありません。6歳のときに、おまえは絵かきにはなれないよと、おとなたちに吹き込まれたせいで、わたしは大蛇ボアを内側と外側から描く以外には、絵の勉強は全然しなかったのですから。

протёр＜протере́ть の過去：протере́ть глаза́　目をこすって眠気をさます．осма́триваться　見回す．необыкнове́нный　普通でない．малы́ш　坊や．разгля́дывать　見つめる．портре́т, како́й　〜したところの肖像画（како́й は関係詞、ここは対格）．уда́ться　成功する．далеко́ не 〜　決して〜ではない．так 〜, как …　…ほど〜．вина́　罪、責任．внуши́ть　思い込ませる．худо́жника из меня́ не вы́йдет　わたしから画家は生まれない．

- 11 -

Итак, я во все глаза смотрел на это необычайное явление. Не забудьте, я находился за тысячи миль от человеческого жилья. А между тем ничуть не похоже было, чтобы этот малыш заблудился, или до смерти устал и напуган, или умирает от голода и жажды. По его виду никак нельзя было сказать, что это ребёнок, потерявшийся в необитаемой пустыне, вдалеке от всякого жилья. Наконец ко мне вернулся дар речи, и я спросил:

— Но... что ты здесь делаешь?

И он опять попросил тихо и очень серьёзно:

— Пожалуйста... нарисуй барашка...

Всё это было так таинственно и непостижимо, что я не посмел отказаться. Хоть и нелепо это было здесь, в пустыне, на волосок от смерти, я всё-таки достал из кармана лист бумаги и вечное перо. Но тут же вспомнил, что учился-то я больше географии, истории, арифметике и правописанию, — и сказал малышу (немножко даже сердито сказал), что я не умею рисовать. Он ответил:

— Всё равно. Нарисуй барашка.

во все глаза смотреть 目を皿のようにして見る. явление 現象、できごと. забудьте＜забыть（忘れる）の命令形. за тысячи миль от ～から何千マイルのところに. между тем にもかかわらず. ничуть не ～ 少しも～ない. не похоже, чтобы＋過去形 ～のようではない. заблудиться 道に迷う. до смерти 死ぬほど. напуганный おびえた. умирать от голода 飢え死にする. жажда 渇き. вид 外見. никак＋否定辞 どうしても～ない. потерявшийся＜потеряться（はぐれる）の能動形動詞過去. необитаемый 無人の. вдалеке 遠くに.

そういうわけで、わたしはこのただならぬできごとに目をこらしました。わたしが人の住むところから何千マイルも隔たったところにいたことを忘れないでください。ところが、この子は迷子のようでも、へとへとになっておびえているようでも、また飢えと渇きで死にそうになっているわけでも全くなさそうでした。その外見からは、これが、人里はなれた無人の砂漠に取り残された子どもとは、とても言えませんでした。ようやく口がきけるようになったわたしは、こうたずねました。
「でも…　こんなところで何してるの？」
　するとその子はまた小さな声で、とても真剣に頼みました。
「お願いだから…　子羊を描いて…」
　すべてがあまりに夢のようで、理解しがたいことだったので、わたしは断ることができませんでした。
　こんな砂漠で、死を目前にしながら、こんなことをするなんて、いかにもばかげていましたが、それでもわたしはポケットから紙を1枚と万年筆を取りだしました。けれども、このとき、わたしは勉強したことといえば地理と歴史と算数と正しい字の書き方ばかりだったことを思いだし、その子に（少しむっとさえしながら）、絵なんてうまく描けない、と言いました。その子は答えました。
「いいからさ。子羊を描いてよ」

дар ре́чи 話す能力. попроси́ть 頼む. так ～, что … とても～なので…. таи́нственно ふしぎだ. непостижи́мо 理解しがたい. посме́ть＋不定形 あえて～する. отказа́ться 断る. хоть и неле́по э́то бы́ло それがどんなにばかげていても. на волосо́к от＋生格 ～にひんして. доста́ть 取りだす. лист бума́ги 1枚の紙. ве́чное перо́ 万年筆. вспо́мнить 思いだす. учи́лся-то -то は助詞で учи́лся を強める. всё равно́ どちらでも同じこと、とにかく.

Так как я никогда в жизни не рисовал баранов, я повторил для него одну из двух старых картинок, которые я только и умею рисовать: удава снаружи. И очень изумился, когда малыш воскликнул:

— Нет, нет! Мне не надо слона в удаве! Удав слишком опасный, а слон слишком большой. У меня дома всё очень маленькое. Мне нужен барашек. Нарисуй барашка.

И я нарисовал.

Он внимательно посмотрел на мой рисунок и сказал:
— Нет, этот барашек уж совсем хилый. Нарисуй другого.

Я нарисовал.

Мой новый друг мягко, снисходительно улыбнулся.

так как ～なので。 баран 牡羊。 повторить 繰り返す、もう一度する。 изумиться びっくりする。 воскликнуть 声を張り上げる。 не надо + 生格 ～は必要ない。 опасный 危険な。

わたしは生まれてから一度も羊の絵を描いたことがなかったので、わたしに描ける唯一の、大蛇ボアを外側から描いた、あの古い2枚のさし絵のうちの1枚をその子にもう一度描いてやりました。そして、その子がこう声を上げたときには、ほんとうにびっくりしました。
　「ちがう、ちがう！　ボアにのまれた象なんて、ぼくはいらない！　ボアは危なすぎるし、象は大きすぎるよ。ぼくのうちでは全部がとても小さいんだ。ぼくに必要なのは子羊なの。子羊を描いて」
　それでわたしは子羊を描きました。

　その子は注意深くわたしの絵を見て、言いました。
　「だめだよ、この子羊はもうすっかり弱ってるもの。別のを描いて」
　わたしは描きました。

　わたしの新しい友人はやさしく、大目に見るようにほほえみました。

у меня́ до́ма　わたしの家では．внима́тельно　注意深く．хи́лый　弱々しい、ひ弱な．мя́гко　そっと、控えめに．снисходи́тельно　寛大に．улыбну́ться　ほほえむ．

— Ты же сам ви́дишь, — сказа́л он, — э́то не бара́шек. Э́то большо́й бара́н. У него́ рога́...
Я опя́ть нарисова́л по-друго́му.

Но он и от э́того рису́нка отказа́лся.
— Э́тот сли́шком ста́рый. Мне ну́жен тако́й бара́шек, что́бы жил до́лго.
Тут я потеря́л терпе́ние — ведь мне на́до бы́ло поскоре́й разобра́ть мото́р — и нацара́пал вот что:
И сказа́л малышу́:
— Вот тебе́ я́щик. А в нём сиди́т твой бара́шек.

Но как же я удиви́лся, когда́ мой стро́гий судья́ вдруг просия́л:
— Вот тако́го мне и на́до! Как ты ду́маешь, мно́го он ест травы́?
— А что?
— Ведь у меня́ до́ма всего́ о́чень ма́ло...
— Ему́ хва́тит. Я тебе́ даю́ совсе́м ма́ленького бара́шка.
— Не тако́го уж ма́ленького... — сказа́л он, наклони́в го́лову и разгля́дывая рису́нок. — Смотри́-ка! Мой бара́шек усну́л...
Так я познако́мился с Ма́леньким при́нцем.

(CD 2 ここまで)

рог 角（複数形 рога́）. по-друго́му 別のやりかたで. тако́й ～, что́бы … …のような～. потеря́ть なくす, 失う. терпе́ние がまん, 辛抱. поскоре́й なるべく早く. разобра́ть 分解する. нацара́пать なぐり描きする. я́щик 箱. удиви́ться 驚く. стро́гий きびしい, 厳格な. судья́ 裁判官（男性名詞）. просия́ть 顔が輝きだす, うれしそうにする.

「自分でもわかるでしょ」と、その子は言いました。「これは子羊じゃないよ。おとなの羊だ。角がはえてるもの…」

わたしはまた違ったように描きました。

けれども、その子は今度のもだめだと言いました。

「これは年寄りすぎるよ。ぼくが欲しいのはね、長生きできるような子羊なんだ」

わたしの辛抱もそこまででした —— だって、わたしは一刻も早くエンジンを分解しなくてはならなかったのですから —— それでこんなふうにサッと描いたのでした。

そして坊やに言いました。

「ほら箱をやるよ。この中にきみの子羊が入ってるからね」

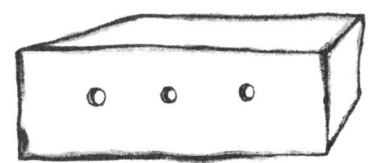

ところが、わたしのきびしい裁判官の顔がとつぜんぱっと明るくなったのですから、わたしの驚きといったらどんなだったでしょう。

「ぼくがほしかったのは、ちょうどこんなやつだよ！ 子羊は草をたくさん食べると思う？」

「どうして？」

「だってぼくの家には何でもほんの少ししかないんだもの…」

「十分だよ。きみにやるのはほんとうにちっぽけな子羊だからね」

「そんなにちっぽけじゃないよ…」その子は顔を近づけると、絵をじっと見ながら言いました。「見て見て！ ぼくの子羊が寝ちゃった…」

こうしてわたしは星の王子さまと知り合ったのでした。

есть 食べる（я ем, ты ешь, он ест...）．трава́ 草（ここでは不可算名詞．травы́ は生格）．хвати́ть 足りる．наклони́в＜наклони́ть（傾ける）の副動詞．разгля́дывая＜разгля́дывать（よく見る）の副動詞．-ка 命令形に付して、打ち解けたニュアンスを示す．усну́ть 寝入る．познако́миться с＋造格 ～と知り合いになる．

Ⅲ 🆑 3

Не скоро я понял, откуда он явился. Маленький принц засыпал меня вопросами, но, когда я спрашивал о чём-нибудь, он будто и не слышал. Лишь понемногу, из случайных, мимоходом оброненных слов мне всё открылось. Так, когда он впервые увидел мой самолёт (самолёт я рисовать не стану, мне всё равно не справиться), он спросил:

— Что это за штука?

— Это не штука. Это самолёт. Мой самолёт. Он летает.

И я с гордостью объяснил ему, что умею летать. Тогда он воскликнул:

— Как! Ты упал с неба?

— Да, — скромно ответил я.

— Вот забавно!..

И Маленький принц звонко засмеялся, так что меня взяла досада: я люблю, чтобы к моим злоключениям относились серьёзно. Потом он прибавил:

— Значит, ты тоже явился с неба. А с какой планеты?

«Так вот разгадка его таинственного появления здесь, в пустыне!» — подумал я и спросил напрямик:

— Стало быть, ты попал сюда с другой планеты?

Но он не ответил. Он тихо покачал головой, разглядывая самолёт:

— Ну, на этом ты не мог прилететь издалека…

явиться 現れる. засыпать＋対格＋造格 〜を…でおおう. будто まるで、あたかも. лишь 〜だけ. понемногу 少しずつ. случайный 偶然の. мимоходом 通りすがりに、ことのついでに. оброненный＜обронить（うっかり落とす、うっかりもらす）の被動形動詞過去. открыться 明らかになる. так たとえば. впервые はじめて. стану＜стать：не стану 〜しようとは思わない、するつもりはない. всё равно いずれにしても、とにかく. не＋完了体動詞不定形 〜できない. справиться 処理する. штука もの、こと：Что это за штука？ これはいったい何ですか？

III

　王子さまがどこからやってきたのか、すぐにはわかりませんでした。星の王子さまはわたしを質問攻めにするのに、わたしが何か質問すると、聞こえないみたいなのです。ことの真相は、何かの拍子に偶然口から出た言葉から、ほんの少しずつ明らかになったのでした。たとえば、王子さまがはじめてわたしの飛行機を見たとき（飛行機の絵は描かないことにします、とにかくわたしの手にはおえませんから）、こんな質問をしました。
「この変なものは何？」
「これは変なものじゃないよ。これは飛行機。ぼくの飛行機さ。飛べるんだよ」
　そしてわたしはもったいぶって、自分が空を飛べることを説明しました。すると王子さまは感嘆の声を上げました。
「へえ！　おじさんは空から落ちてきたの？」
「そうだよ」と、わたしはひかえめに答えました。
「それはおもしろいなあ！..」
　そうして星の王子さまがよく響く声で笑いだしたので、わたしは腹が立ちました。わたしは自分の不幸を真剣に受けとめてほしいのです。それから王子さまは、こう付け足しました。
「つまり、おじさんも空から落ちてきたんだね。何ていう星から？」
『こんな砂漠にこんな子がいる秘密のわけは、これだったのか！』わたしはそう思って、ずばりこうたずねました。
「ということは、きみは別の星からここにやってきたんだね？」
　王子さまは答えませんでした。わたしの飛行機をじろじろ見ながら、静かに二、三度首を振りました。
「こんなのじゃ、遠くから来れるはずがないね…」

летáть　飛ぶ、飛ぶ能力がある（不定動詞）. гóрдость　誇り、プライド. объясни́ть　説明する. воскли́кнуть　大声で叫ぶ. как　えっ、何だって. упáсть　落ちる. нéбо　空. скрóмно　ひかえめに. забáвно　おもしろい. так что　それで. меня́ взялá досáда　わたしは腹が立った. люби́ть, чтóбы　～が好き、うれしい. злоключéние　不幸、災難. относи́ться к + 与格　～に対して（ある態度で）接する. приба́вить　付け足す. планéта　惑星. разга́дка　謎解き. напрями́к　率直に. стáло быть　つまり. покача́ть + 造格　～をちょっと振る.

И надо́лго заду́мался. Пото́м вы́нул из карма́на бара́шка и погрузи́лся в созерца́ние э́того сокро́вища.

Мо́жете себе́ предста́вить, как разгоре́лось моё любопы́тство от э́того полупризна́ния о «други́х плане́тах». И я попыта́лся разузна́ть побо́льше:

— Отку́да же ты прилете́л, малы́ш? Где твой дом? Куда́ ты хо́чешь унести́ моего́ бара́шка?

Он помолча́л в разду́мье, пото́м сказа́л:

— О́чень хорошо́, что ты дал мне я́щик: бара́шек бу́дет там спать по ноча́м.

— Ну коне́чно. И е́сли ты бу́дешь у́мницей, я дам тебе́ верёвку, что́бы днём его́ привя́зывать. И ко́лышек.

Ма́ленький принц нахму́рился:

— Привя́зывать? Для чего́ э́то?

— Но ведь е́сли его́ не привяза́ть, он забредёт неве́домо куда́ и потеря́ется.

Тут мой друг опя́ть ве́село рассмея́лся:

— Да куда́ же он пойдёт?

— Ма́ло ли куда́? Всё пря́мо, пря́мо, куда́ глаза́ глядя́т.

Тогда́ Ма́ленький принц сказа́л серьёзно:

— Э́то ничего́, ведь у меня́ там о́чень ма́ло ме́ста.

И приба́вил не без гру́сти:

— Е́сли идти́ всё пря́мо да пря́мо, далеко́ не уйдёшь...

(CD 3 ここまで)

заду́маться 考え込む。вы́нуть 取りだす。погрузи́ться ふける。сокро́вище 宝物。предста́вить себе́ 想像する、推察する。разгоре́ться 燃え上がる。полупризна́ние あいまいな告白。попыта́ться+不定形 〜しようと試みる。разузна́ть 探りだす。унести́ 持ち去る、運び去る。помолча́ть しばらく沈黙する。разду́мье 物思い、考えごと。хорошо́, что 〜でよかった。у́мница いい子。верёвка 綱、ロープ。

そうしてしばらく考え込みました。それからポケットから子羊を取りだすと、その宝物にじっと見入りました。

ご想像の通り、「別の星」についてのこのはっきりしない告白によって、わたしの好奇心はぱっと燃え上がりました。それでわたしはもっと探ってみたくなりました。

「坊ちゃん、いったいどこから飛んで来たの？ きみのおうちはどこ？ おじさんの子羊をどこに連れて行くつもりなんだい？」

王子さまはしばらく物思いに沈んでから、こう言いました。

「おじさんが箱をくれたので、ほんとうによかったよ。子羊は夜になったらそこで眠れるものね」

「もちろんだとも。それに、もしきみがいい子にしていたら、昼間、子羊をつないでおけるように、ひもをあげるよ。それに棒くいもね」

星の王子さまは顔をしかめました。

「つないでおくの？ 何のためにそんなことを？」

「でも、つないでおかないと、どこかに行ってしまって、いなくなってしまうだろ」

すると、わたしの友人は、またうれしそうに笑いだしました。

「いったいどこに行くっていうの？」

「どこへだっていいじゃないか？ まっすぐ、まっすぐ思いのままさ」

すると、星の王子さまはまじめな顔で言いました。

「そんなの平気だよ。ぼくのところは場所がほとんどないんだから」

そしていくらか悲しげに付け足しました。

「ずっとまっすぐ行ったって、遠くへは行けないんだよ…」

привя́зывать つなぐ. ко́лышек 棒くい. нахму́риться 顔をしかめる. для чего́ 何のために. привяза́ть привя́зывать の完了体. забредёт＜забрести́（迷い込む）. неве́домо куда́ どこへとも知れず. потеря́ться いなくなる. рассмея́ться 笑いだす. ма́ло ли куда́ どこへでもよい. куда́ глаза́ глядя́т 気の向くほうへ. не без＋生格 〜がないではない. грусть 悲しさ, 寂しさ.

-21-

IV (CD)4

Так я сде́лал ещё одно́ ва́жное откры́тие: его́ родна́я плане́та вся́-то величино́й с дом!

Впро́чем, э́то меня́ не сли́шком удиви́ло. Я знал, что, кро́ме таки́х больши́х плане́т, как Земля́, Юпи́тер, Марс, Вене́ра, существу́ют ещё со́тни други́х, кото́рым да́же имён не́ дали, и среди́ них таки́е ма́ленькие, что их и в телеско́п тру́дно разгляде́ть. Когда́ астроно́м открыва́ет таку́ю плане́тку, он даёт ей не и́мя, а про́сто но́мер. Наприме́р: астеро́ид 3251.

У меня́ есть ве́ские основа́ния полага́ть, что Ма́ленький принц прилете́л с плане́тки, кото́рая называ́ется астеро́ид Б-612. Э́тот астеро́ид был заме́чен в телеско́п лишь оди́н раз, в 1909 году́, одни́м туре́цким астроно́мом.

Астроно́м доложи́л тогда́ о своём замеча́тельном откры́тии на Междунаро́дном астрономи́ческом конгре́ссе. Но никто́ ему́ не пове́рил, а всё потому́, что он был оде́т по-туре́цки. Уж тако́й наро́д э́ти взро́слые!

(CD)4 ここまで)

ва́жный 重要な. сде́лать откры́тие 発見する. родно́й 生まれ故郷の. величина́ 大きさ (造格で用いる). с + 対格 〜ほどの. не сли́шком あまり〜でない. удиви́ть 驚かす. кро́ме + 生格 〜以外に. тако́й 〜, как … …のような〜. Земля́ 地球. Юпи́тер 木星. Марс 火星. Вене́ра 金星. существова́ть 存在する. со́тня 100. кото́рым<кото́рый (複数与格). имён<и́мя (否定生格). среди́ + 生格 〜のなかには. тако́й 〜, что … とても〜なので…, …なほど…. в телеско́п 望遠鏡で. разгляде́ть 見分ける. астроно́м 天文学者. открыва́ть 発見する. плане́тка 小さな惑星. не 〜, а … 〜でなく…. но́мер 番号. астеро́ид 小惑星. астеро́ид 3251 (три ты́сячи две́сти пятьдеся́т оди́н と読む).

IV

　こうしてわたしはもう一つ重要な発見をしました。彼の生まれた星は、全体でも家ほどの大きさなのだ、と。

　けれども、それにはそれほど驚きませんでした。地球や木星や火星や金星といった大きな星以外にも、名前すらないような星がさらに何百もあり、そのなかには、あまりに小さすぎて望遠鏡でも見分けるのがむずかしいものもあることを、わたしは知っていましたから。天文学者がそんな小さな惑星を発見したときには、名前ではなく番号をつけるのです。たとえば、小惑星3251、などと。

　わたしには星の王子さまが小惑星Б-612と呼ばれる小さな惑星から飛んできたのではないかと考える重要な理由があるのです。その小惑星は、1909年に、あるトルコ人の天文学者によって、望遠鏡でたった一度だけ見つけられました。

　その天文学者は、そのとき、国際天文学会議において自分のすばらしい発見について報告しました。でも、だれもその学者の言うことを信じませんでした。それもこれも、その人がトルコ人の服装をしていたという理由のせいなのです。おとなというのは、まったくこんな人たちなのです！

ве́ский 重大な. основа́ние＋不定形 ～する理由・根拠. полага́ть 思う、考える. Б-612 (шестьсо́т двена́дцать と読む). заме́чен＜заме́тить (気づく、見つける) の被動形動詞 заме́ченный の短語尾男性形. лишь оди́н раз 一度だけ. в 1909 году́ (ты́сяча девятьсо́т девя́том と読む). туре́цкий トルコの. доложи́ть 報告する. замеча́тельный すばらしい、驚くべき. междунаро́дный 国際的な. астрономи́ческий 天文学の. конгре́сс 会議. никто́ не だれも～でない. пове́рить＋与格 ～を信じる. потому́, что ～という理由で. оде́т＜оде́тый 着た、服装をした. по-туре́цки トルコ風に. уж まったく、ほんとうに. наро́д 人びと. взро́слый おとな.

К сча́стью для репута́ции астеро́ида Б-612, прави́тель Ту́рции веле́л свои́м по́дданным под стра́хом сме́рти носи́ть европе́йское пла́тье. В 1920 году́ тот астроно́м сно́ва доложи́л о своём откры́тии. На э́тот раз он был оде́т по после́дней мо́де — и все с ним согласи́лись.

Я вам рассказа́л так подро́бно об астеро́иде Б-612 и да́же сообщи́л его́ но́мер то́лько из-за взро́слых. Взро́слые о́чень лю́бят ци́фры. Когда́ расска́зываешь им, что у тебя́ появи́лся но́вый друг, они́ никогда́ не спро́сят о са́мом гла́вном. Никогда́ они́ не ска́жут: «А како́й у него́ го́лос? В каки́е и́гры он лю́бит игра́ть? Ло́вит ли он ба́бочек?» Они́ спра́шивают: «Ско́лько ему́ лет? Ско́лько у него́ бра́тьев? Ско́лько он ве́сит? Ско́лько зараба́тывает его́ оте́ц?» И по́сле э́того вообража́ют, что узна́ли челове́ка. Когда́ говори́шь взро́слым: «Я ви́дел краси́вый дом из ро́зового кирпича́, в о́кнах у него́ гера́нь, а на кры́ше го́луби», — они́ ника́к не мо́гут предста́вить себе́ э́тот дом. Им на́до сказа́ть: «Я ви́дел дом за сто ты́сяч фра́нков», — и тогда́ они́ восклица́ют: «Кака́я красота́!»

То́чно так же, е́сли им сказа́ть: «Вот доказа́тельства, что Ма́ленький принц на са́мом де́ле существова́л: он был о́чень, о́чень сла́вный, он смея́лся, и ему́ хоте́лось име́ть бара́шка.

А кто хо́чет бара́шка, тот, безусло́вно, существу́ет», — е́сли им сказа́ть так, они́ то́лько пожму́т плеча́ми и посмо́трят на тебя́, как на несмышлёного младе́нца.

к сча́стью 運よく、幸いにも. репута́ция 評判、名声. прави́тель 統治者. веле́ть＋与格＋不定形 ～に…するように命じる. по́дданный 国民. под стра́хом сме́рти 死のおどしをかけて. носи́ть 着る、身に着ける. европе́йский ヨーロッパの. пла́тье 衣服. в 1920 году́ (ты́сяча девятьсо́т двадца́том と読む). сно́ва もう一度. на э́тот раз 今回は. после́дняя мо́да 最新の流行. согласи́ться с＋造格 ～に賛成する. подро́бно くわしく. сообщи́ть 知らせる. из-за＋生格 ～のために. ци́фра 数字. появи́ться 現れる、新しくできる. никогда́ не ～ 決して～しない. спроси́ть 質問する. са́мое гла́вное 最もだいじなこと. го́лос 声. игра́ 遊び、ゲーム. игра́ть в＋対格 ゲーム・競技をする. лови́ть つかまえる. ба́бочка 蝶. Ско́лько лет? 何歳？ бра́тьев＜брат の複数生格. ве́сить 重さがある. зараба́тывать 稼ぐ. вообража́ть 思いこむ.

幸いなことに、小惑星Б－612の名声を高めようと、トルコの王様が、ヨーロッパ式の服装をするように、さもないと死刑にするぞと、国民に命じました。1920年にその天文学者はもう一度自分の発見を報告しました。今度は学者は最新流行の服装をしていました ── それでだれもが彼に同意したのでした。

　わたしがみなさんに小惑星Б－612のことをこんなにくわしくお話しし、その番号までお知らせしたのは、ひとえにおとなたちのためなのです。おとなは数字が大好きです。おとなたちに、新しい友だちができたと話すとき、おとなは一番肝心なことは絶対に聞きません。おとなは絶対にこんなことは言いません。『その子はどんな声をしているの？　その子はどんな遊びをするのが好きなの？　その子はちょうちょを採るの？』おとなの質問はこうです。『その子はいくつ？　その子は何人兄弟？　その子の体重は？　その子のおとうさんはお金持ち？』そして、そのあとで、その人間のことをわかったという気になるのです。おとなに、『ばら色のレンガ造りのきれいな家を見たよ、窓辺にゼラニウムがあって、屋根には鳩が止まっていたよ』と言っても、おとなはどうしてもその家を思い浮かべることができません。おとなには『10万フランの家を見たよ』と言わなければならないのです ── するとおとなは大声で『それは素晴らしい！』と叫ぶのです。

　それとまったく同じで、おとなたちに『星の王子さまが実際に存在したという証拠はこれです。その子はとても、とてもすてきで、笑って、子羊を欲しがっていました』と言ったり、『子羊を欲しがっている人がいるとすれば、その人はもちろん存在しています』 ── もし、おとなにこんなことを言えば、おとなはただ肩をすくめて、ばかな赤ん坊を見るような目で見るだけでしょう。

узна́ть　知る、わかる．дом из кирпича́　レンガ造りの家．ро́зовый　ばら色の、ピンクの．гера́нь（女性名詞）ゼラニウム．кры́ша　屋根．го́лубь　鳩．ника́к не ～　どうしても～でない．предста́вить себе́　想像する、思い浮かべる．дом за сто ты́сяч фра́нков　10万フランの家．восклица́ть　叫ぶ、声を張り上げる．красота́　美しさ．то́чно так же　まったく同じように．доказа́тельство　証拠．в са́мом де́ле　実際に．сла́вный　すてきな、すばらしい．смея́ться　笑う．хоте́ться　したい気がする（人は与格で表す）．Кто хо́чет бара́шка, тот существу́ет.　子羊を欲しがっている人は存在している．кто は関係代名詞、先行詞は тот：Кто не рабо́тает, тот не ест.　働かざる者、食うべからず．безусло́вно　無条件に、もちろん．пожа́ть　握りしめる（пожму́, пожмёшь...пожму́т）：пожа́ть плеча́ми　肩をすくめる．несмышлёный　愚かな．младе́нец　赤ん坊．

-25-

Но если сказа́ть им: «Он прилете́л с плане́ты, кото́рая называ́ется астеро́ид Б-612», — э́то их убеди́т, и они́ не ста́нут докуча́ть вам расспро́сами. Уж тако́й наро́д э́ти взро́слые. Не сто́ит на них серди́ться. Де́ти должны́ быть о́чень снисходи́тельны к взро́слым.

Но мы, те, кто понима́ет, что тако́е жизнь, мы, коне́чно, смеёмся над номера́ми и ци́фрами! Я охо́тно на́чал бы э́ту по́весть как волше́бную ска́зку. Я хоте́л бы нача́ть так:

«Жил да был Ма́ленький принц. Он жил на плане́те, кото́рая была́ чуть побо́льше его́ самого́, и ему́ о́чень не хвата́ло дру́га...» Те, кто понима́ет, что тако́е жизнь, сра́зу уви́дели бы, что э́то гора́здо бо́льше похо́же на пра́вду.

называ́ться 呼ばれる．убеди́ть 納得させる．докуча́ть＋与格＋造格 ～を…でうんざりさせる．расспро́сы 質問攻め．сто́ить＋不定形 ～する価値がある．серди́ться на＋対格 ～に腹を立てる．до́лжен＋不定形 ～しなければならない．снисходи́тельный к＋与格 ～に寛大な．Что тако́е жизнь？ 人生とは何か．

ところがもし『その人は小惑星Б-612と呼ばれる星から飛んできたのです』と言えば、おとなはそれで納得し、みなさんを質問攻めでうんざりさせることもないのです。おとなというのは、まったくこんな人たちなのです。おとなには腹を立てたってしかたがありません。子どもはおとなに対してとても寛大でなくてはいけません。

けれども、世の中のことがよくわかっているわたしたちは、もちろん番号や数字など相手にしません！　この物語をおとぎ話のように始められたらよかったと思います。わたしはこんなふうに始めたかったのです。

「昔むかし、星の王子さまが住んでいました。王子さまは自分よりちょっと大きな星に住んでおり、とても友だちをほしがっていました…」世の中のことがよくわかっている人なら、このほうが真実にずっと似ているとわかってくれたでしょう。

смея́ться над + 造格　～を嘲笑する．охо́тно　喜んで．бы + 過去形（仮定法をつくって）～だろうに．по́весть　中編小説．волше́бный　魔法の．ска́зка　お話．жил да был　昔むかし～がいた．чуть　ほんの少し．он сам　彼自身．не хвата́ет + 生格　～が足りない．похо́жий на + 対格　～に似ている．пра́вда　真実．

И́бо я совсе́м не хочу́, что́бы мою́ кни́жку чита́ли про́сто ра́ди заба́вы. Сли́шком бо́льно вспомина́ть и нелегко́ мне об э́том расска́зывать. Вот уже́ шесть лет, как мой друг вме́сте с бара́шком меня́ поки́нул. И я пыта́юсь рассказа́ть о нём для того́, что́бы его́ не забы́ть. Э́то о́чень печа́льно, когда́ забыва́ют друзе́й. Не у вся́кого был друг. И я бою́сь стать таки́м, как взро́слые, кото́рым ничто́ не интере́сно, кро́ме цифр. Ещё и поэ́тому я купи́л я́щик с кра́сками и цветны́е карандаши́. Не так э́то про́сто — в моём во́зрасте вновь принима́ться за рисова́ние, е́сли за всю свою́ жизнь то́лько и нарисова́л, что уда́ва снару́жи и изнутри́, да и то в шесть лет! Коне́чно, я постара́юсь переда́ть схо́дство как мо́жно лу́чше. Но я совсе́м не уве́рен, что у меня́ э́то полу́чится. Оди́н портре́т выхо́дит уда́чно, а друго́й ни ка́пли не похо́ж. Вот и с ро́стом то́же: на одно́м рису́нке принц у меня́ чересчу́р большо́й, на друго́м — чересчу́р ма́ленький. И я пло́хо по́мню, како́го цве́та была́ его́ оде́жда. Я про́бую рисова́ть и так и э́дак, науга́д, с грехо́м попола́м. Наконе́ц, я могу́ ошиби́ться и в каки́х-то ва́жных подро́бностях. Но вы уж не взыщи́те. Мой друг никогда́ мне ничего́ не объясня́л. Мо́жет быть, он ду́мал, что я тако́й же, как он. Но я, к сожале́нию, не уме́ю уви́деть бара́шка сквозь сте́нки я́щика. Мо́жет быть, я немно́го похо́ж на взро́слых. Наве́рно, я старе́ю.

и́бо なぜなら. ра́ди + 生格 〜のために. заба́ва 気晴らし、慰み. бо́льно つらい. вспомина́ть 思いだす. нелегко́ 容易でない、気が重い. шесть лет, как 〜 〜してから6年になる. вме́сте с + 造格 〜と一緒に. поки́нуть 見捨てる、離れる. пыта́ться + 不定形 〜しようと試みる. для того́, что́бы 〜 〜するために. печа́льно 悲しい. стать таки́м, как взро́слые おとなたちのようになる (таки́м は述語の造格). я́щик с кра́сками 絵の具箱. принима́ться за + 対格 〜に取りかかる. за всю жизнь 一生のあいだに. то́лько и нарисова́л, что уда́ва 描いたものといってはボアだけ.

というのも、わたしはわたしの本がたんに気晴らしのために読まれるのは絶対にいやなのです。わたしはこのことを思いだすと胸がしめつけられ、話をするのが容易ではないのです。友だちが子羊を連れてわたしのもとから立ち去って、もう６年になります。そしてわたしが友だちの話をしようとするのも、友だちのことを忘れないためなのです。友だちを忘れるというのは、とても悲しいことです。だれもが友だちをもっていたわけではありません。ですから、わたしは数字以外には何の興味もないおとなのようになるのが心配です。それだからこそ、わたしは絵の具箱と色鉛筆を買いました。わたしの年で新たに絵を始めるというのは、そう簡単なことではありません。一生のあいだに描いたものといっては大蛇ボアを外側からと内側からだけ、しかもそれが６歳のときなのですから！　もちろん、わたしはできるだけ上手に友だちに似せようとしています。けれども、それがうまくいく自信はぜんぜんありません。上出来の肖像もあれば、少しも似ていないのもあります。背たけについても同じです。ある絵ではわたしの王子さまは大きすぎますし、別の絵では小さすぎます。それにわたしは王子さまの服が何色だったか、よくおぼえていません。わたしは行き当たりばったりに、いろいろやってみて、何とか描こうと思います。最後に、わたしは大事なこまかいところでも間違えるかもしれません。でもそれはもうご勘弁ください。わたしの友だちはどんな説明も一度もしてくれませんでした。ひょっとすると、わたしのことを自分と同じだと思っていたのかもしれません。けれども残念ながら、わたしには箱の壁越しに子羊は見えませんでした。もしかしたら、わたしはいくらかおとなたちに似ているのかもしれません。きっと、年をとったのです。

сходство　類似，相似．как мо́жно лу́чше　できるだけ上手に．уве́ренный　確信している．получи́ться　うまくいく．уда́чно　首尾よく．ни ка́пли не ～　少しも～でない．с＋造格　～に関して．чересчу́р　あまりに．како́го цве́та　何色（生格を用いる）．оде́жда　服．и так и э́дак　いろんなふうに．науга́д　行き当たりばったりに．с грехо́м попола́м　どうにかこうにか．ошиби́ться　間違う．подро́бность　細部．взыска́ть　処罰する（взыщу́, взы́щешь...взы́щут, взыщи́те は命令形）．тако́й же, как　～と同じ．уме́ть＋不定形　～する能力がある．сквозь＋対格　～を通して．сте́нка　壁．старе́ть　年をとる．

− 29 −

V CD 5

Ка́ждый день я узнава́л что́-нибудь но́вое о его́ плане́те, о том, как он её поки́нул и как стра́нствовал. Он расска́зывал об э́том понемно́жку, когда́ приходи́лось к сло́ву. Так, на тре́тий день я узна́л о траге́дии с баоба́бами.

Это то́же вы́шло из-за бара́шка. Каза́лось, Ма́леньким при́нцем вдруг овладе́ли тя́жкие сомне́ния, и он спроси́л:

— Скажи́, ведь пра́вда, бара́шки едя́т кусты́?

— Да, пра́вда.

— Вот хорошо́!

Я не по́нял, почему́ э́то так ва́жно, что бара́шки едя́т кусты́. Но Ма́ленький принц приба́вил:

— Зна́чит, они́ и баоба́бы то́же едя́т?

Я возрази́л, что баоба́бы — не кусты́, а огро́мные дере́вья, вышино́й с колоко́льню, и е́сли да́же он приведёт це́лое ста́до слоно́в, им не съесть и одного́ баоба́ба.

Услыха́в про слоно́в, Ма́ленький принц засмея́лся:

— Их пришло́сь бы поста́вить друг на дру́га...

А пото́м сказа́л рассуди́тельно:

— Баоба́бы сперва́, пока́ не вы́растут, быва́ют совсе́м ма́ленькие.

— Это ве́рно. Но заче́м твоему́ бара́шку есть ма́ленькие баоба́бы?

— А как же! — воскли́кнул он, сло́вно речь шла о са́мых просты́х, а́збучных и́стинах.

И пришло́сь мне полома́ть го́лову, пока́ я доду́мался, в чём тут де́ло.

узнава́ть 知る. поки́нуть 離れる. стра́нствовать 遍歴する、旅する. понемно́жку ほんの少しずつ. приходи́ться к сло́ву 話のついでに、ふと口に出る. так たとえば (наприме́р). траге́дия 悲劇. баоба́б バオバブの木. каза́лось 〜と思われた. овладе́ть + 造格 (感情などが) 襲う. тя́жкий 重大な、深刻な. сомне́ние 疑い. есть 食べる (ем, ешь, ест, еди́м, еди́те, едя́т). куст 低木、灌木. приба́вить 付け足す. зна́чит つまり. возрази́ть 反対する. огро́мный 巨大な. де́рево 木 (複数形 дере́вья). вышина́ 高さ (造格で用いる). колоко́льня 鐘楼. привести́ 連れて来る (приведу́, приведёшь... приведу́т). це́лый 大量の、山ほどある. ста́до 群れ. слон 象. не + 完了体動詞の不定形 (無人称文で) 〜できない. съесть есть (食べる) の完了体.

V

　わたしは毎日王子さまの星について、そして、王子さまがどんなわけでその星を離れ、どんな旅をしてきたかについて、新しいことを知りました。王子さまは話のついでにほんの少しずつ話してくれたのです。たとえば、三日目に、わたしはバオバブの木の悲劇を知りました。

　それもやっぱり子羊の話がもとでした。星の王子さまが突然重大な疑念に襲われたらしく、こんな質問をしたのです。

「ねえねえ、子羊が木を食べるって、ほんとうかな？」

「うん、ほんとうだよ」「それはよかった！」

　わたしは子羊が木を食べるのが、どうしてそれほどだいじなのか、わかりませんでした。けれども星の王子さまはこう付け足しました。

「ということは、バオバブの木も食べるかな？」

　わたしは、バオバブの木は低木ではなく鐘楼ほどもある大木だから、象の大群を連れてきたとしても、バオバブの木一本すら食べ尽くせない、と反論しました。

　象のことを耳にすると、星の王子さまは笑いだしました。

「象なら、重ねなくちゃならないなあ…」それから、むずかしい顔をして言いました。

「バオバブの木もはじめのうち、大きくならないうちはね、ほんとうに小さいんだよ」

「それはそうさ。でも、どうしてきみの子羊が小さなバオバブを食べなくてはいけないんだい？」

「きまってるよ！」——まるで一番簡単な、わかりきった話でもしているかのように、王子さまは声をはりあげました。

　それでわたしは、それがどういうことか考えつくまで、しばらく思い悩まなければなりませんでした。

услыха́в＜услыха́ть（聞く、耳にする）（＝услы́шать）の副動詞. про＋対格　〜について. засмея́ться　笑いだす. пришло́сь бы　〜しなければならないだろうに（仮定法). поста́вить　立てる. друг на дру́га　お互いの上に. рассуди́тельно　慎重に、思慮深く. спервá　はじめのうち. пока́ не 〜　〜するまで. вы́расти　大きくなる（вы́расту, вы́растешь...вы́растут). зачéм＋不定形　何のために〜しなければならないか. как же　もちろん、あたりまえ. воскли́кнуть　叫び声をあげる. сло́вно　まるで〜のように. речь идёт о＋前置格　問題とされているのは〜だ. а́збучная и́стина　わかりきったこと、自明の理. полома́ть го́лову　しばらく頭を悩ませる. пока́ я доду́мался　わたしが考えつくまで（このように не が省略される場合もある). В чём де́ло?　いったいどういうことなのか.

-31-

На плане́те Ма́ленького при́нца, как на любо́й друго́й плане́те, расту́т тра́вы поле́зные и вре́дные. А зна́чит, есть там хоро́шие семена́ хоро́ших, поле́зных трав и вре́дные семена́ дурно́й, со́рной травы́. Но ведь семена́ неви́димы. Они́ спят глубоко́ под землёй, пока́ одно́ из них не взду́мает проснуться. Тогда́ оно́ пуска́ет росто́к; он расправля́ется и тя́нется к со́лнцу, сперва́ тако́й ми́лый и безоби́дный. Если э́то бу́дущий реди́с и́ли ро́зовый куст, пусть его́ растёт на здоро́вье. Но е́сли э́то кака́я-нибудь дурна́я трава́, на́до вы́рвать её с ко́рнем, как то́лько её узна́ешь. И вот на плане́те Ма́ленького при́нца есть ужа́сные, зловре́дные семена́... э́то семена́ баоба́бов. По́чва плане́ты вся заражена́ и́ми. А е́сли баоба́б не распозна́ть во́время, пото́м от него́ уже́ не изба́вишься. Он завладе́ет всей плане́той. Он прони́жет её наскво́зь свои́ми корня́ми. И е́сли плане́та о́чень ма́ленькая, а баоба́бов мно́го, они́ разорву́т её на клочки́.

— Есть тако́е твёрдое пра́вило, — сказа́л мне по́сле Ма́ленький принц. — Встал поутру́, умы́лся, привёл себя́ в поря́док — и сра́зу же приведи́ в поря́док свою́ плане́ту. Непреме́нно на́до ка́ждый день выпа́лывать баоба́бы, как то́лько их уже́ мо́жно отличи́ть от ро́зовых куст́ов: молоды́е ростки́ у них почти́ одина́ковые. Это о́чень ску́чная рабо́та, но совсе́м не тру́дная.

любо́й 任意の. расти́ 育つ、生える. трава́ 草. поле́зный 有益な、役に立つ. вре́дный 有害な. се́мя 種（複数主格 семена́）. дурно́й よくない、悪い. со́рная трава́ 雑草. неви́димый 目に見えない. спать 眠る (сплю, спишь...спят). глубоко́ 深く. взду́мать 思いつく、したくなる. просну́ться 目覚める. пуска́ть 出す. росто́к 芽. расправля́ться のびる. тяну́ться のびる、～の方を向く. ми́лый かわいい. безоби́дный 無害な. бу́дущий 未来の. реди́с ラディッシュ. пусть его́ ～ 彼に～させてかまわない. на здоро́вье 勝手に、好きなだけ. вы́рвать 引き抜く. ко́рень 根. как то́лько ～するや否や. узна́ть わかる. ужа́сный 恐ろしい. зловре́дный 有害な.

-32-

星の王子さまの星には、星ならほかのどこの星でもそうですが、役に立つ草と有害な草が生えているのです。ということは、そこには、役に立つ、いい草のいい種と、よくない雑草の、有害な種があるということです。けれども種は目には見えません。種は、そのなかの一つが目をさまそうと思いつくまで、地下深く眠っているのです。目をさますと、種は芽をだします。芽は太陽に向かってのびていきますが、はじめのうちは本当にかわいらしくて害などありません。もしもそれが将来ラディッシュになるものや、バラのしげみになるものなら、勝手に育つままにしておいてよいのです。けれども、もしそれが何かよくない草なら、気がついたとたんに根こそぎ引き抜かなくてはなりません。星の王子さまの星には、恐ろしく危険な種があるのです…　それはバオバブの種です。星の土はすべてその種に汚染されているのです。もしも、ちょうどいいときにバオバブを見分けられないと、そのあとは、もうどうにもなりません。バオバブは星全体を乗っ取ってしまいます。星に根を張りめぐらします。そして、もしも星がとても小さくて、バオバブがたくさんある場合は、バオバブが星をばらばらにしてしまうのです。

　「絶対の鉄則があるんだ」――　あとになって星の王子さまがわたしに言いました。――「朝早く起きて、顔を洗って、身だしなみを整えたらね、――　すぐに星の身だしなみも整えなくちゃならないんだ。バオバブがバラのしげみと見分けがつくようになったら、すぐに、毎朝かならず取らなくちゃいけない。若芽のうちはほとんど同じだからね。これはとても退屈な仕事なんだけど、でも全然たいへんじゃないよ」

по́чва　土壌、土. заражённый＜зарази́ть（汚染する）の被動形動詞過去. распозна́ть　見分ける. изба́виться от＋生格　～をまぬがれる. завладе́ть＋造格　～を手に入れる. прониза́ть　貫く. наскво́зь　突き抜いて. разорва́ть　引き裂く. на клочки́　ずたずたに. твёрдый　かたい、ゆるがぬ. пра́вило　決まり、ルール. по́сле　あとで. поутру́　朝早く（ра́но у́тром）. умы́ться　洗面する. привести́ в поря́док　整理整頓する. приведи́　命令文が義務を表すことがある. непреме́нно　きっと、まちがいなく. выпа́лывать（草を）取る. отличи́ть　見分ける. ску́чный（発音は [-ʃn-]）退屈な.

-33-

Однажды он посоветовал мне постараться и нарисовать такую картинку, чтобы и у нас дети это хорошо поняли.

— Если им когда-нибудь придётся путешествовать, — сказал он, — это им пригодится. Иная работа может и подождать немного, вреда не будет. Но если дашь волю баобабам, беды не миновать. Я знал одну планету, на ней жил лентяй. Он не выполол вовремя три кустика...

Маленький принц подробно мне всё описал, и я нарисовал эту планету. Я терпеть не могу читать людям нравоучения. Но мало кто знает, чем грозят баобабы, а опасность, которой подвергается всякий, кто попадёт на астероид, очень велика — вот почему на сей раз я решаюсь изменить своей обычной сдержанности. «Дети! — говорю я. — Берегитесь баобабов!» Я хочу

однажды あるとき. постараться 努力する. такая картинка, чтобы ～のような挿絵. и у нас дети わたしたちの子どもたちも、わが国の子どもたちも. прийтись + 不定形 ～しなければならない. пригодиться 役に立つ. иной 別の、ほかの. подождать 待つ、猶予する. вред 害 (ここは否定生格). дать волю 自由にさせる. беда 不幸、災厄. не миновать + 生格 ～は避けられない. лентяй 怠け者. выполоть 草をむしり取る (不完了体 выпалывать).

あるとき王子さまが、おじさんのところの子どもたちがこのことをよく理解できるような、そんな挿絵をがんばって描いてみたらと、わたしにすすめました。
「子どもたちが、いつか旅行をしなければならなくなったら」と王子さまは言いました。「きっと役に立つよ。ほかの仕事はちょっとくらいしなくても、害にはならない。でもバオバブに好き勝手なことをさせたら、ただではすまないんだ。ぼくはある星を知ってたんだけど、そこには怠け者が住んでいてね。その人は3本の若木を、取るべきときに取っておかなかった…」

　星の王子さまがわたしに全部くわしく話してくれて、わたしはその星を描きました。わたしは人に教訓を垂れるなんてがまんできません。でも、バオバブがどう危険なのかを知ってる人はあまりいませんが、小惑星に行くことになった人のだれもがさらされる危険はとても大きいのです。そういうわけで、今回はふだんの遠慮はぬきにしましょう。『こどもたちよ！ ── こう言いましょう ── バオバブの木に気をつけたまえ！』わたしは、もうずっと前からわたしたちを待ち伏せし

во́время　ちょうどよいときに. ку́стик　若木. описа́ть　描写する. терпе́ть　がまんする. нравоуче́ние　教訓. ма́ло кто　～する人は少ない. грози́ть　おどす、危険がある. опа́сность　危険. подверга́ться+与格　～にさらされる. попа́сть　行き当たる. на сей раз　今回. реша́ться　決意する. измени́ть+与格　～を裏切る、そむく. сде́ржанность　控えめ、つつましさ. бере́чься　気をつける.

- 35 -

предупредить моих друзей об опасности, которая давно уже их подстерегает, а они даже не подозревают о ней, как не подозревал прежде и я. Вот почему я так трудился над этим рисунком и мне не жаль потраченного труда. Быть может, вы спросите: отчего в этой книге нет больше таких внушительных рисунков, как этот, с баобабами? Ответ очень прост: я старался, но у меня ничего не вышло. А когда я рисовал баобабы, меня вдохновляло сознание, что это страшно важно и неотложно.

(CD 5 ここまで)

Ⅵ　CD 6

О Маленький принц! Понемногу я понял также, как печальна и однообразна была твоя жизнь. Долгое время у тебя было лишь одно развлечение — ты любовался закатом. Я узнал об этом наутро четвёртого дня, когда ты сказал:

предупредить＋対格＋о＋前置格　～に…について予告する．подстерегать　待ち伏せする．подозревать　疑いをかける．трудиться над＋造格　～に取り組む．жаль＋生格　～が惜しい．потраченный　費やされた．отчего　どうして．внушительный　印象的な．вдохновлять　霊感を与える．

ている危険について、友人たちに前もって知らせたいのですが、以前のわたしがそうだったように、友人たちはそんなことを思ってもいないのです。そういうわけで、わたしはがんばって絵に取り組みましたが、やりがいがありました。もしかしたら、みなさんはこんな質問をするかもしれません。どうしてこの本には、このバオバブの木を描いた絵のような印象的な絵がほかにないのですか、と。答えはすごく簡単です。わたしはがんばったのですが、少しもうまくいかなかったのです。でもバオバブの木を描いているときには、これはすごく重要で、急を要することだという意識が、わたしにインスピレーションを与えてくれたのでした。

Ⅵ

ああ、星の王子さま！わたしにも少しずつ、きみの暮らしの悲しさと単調さがわかってきました。長い間きみには楽しみといっては一つしかなかったのですね。きみは入日を見るのが好きだったのです。わたしは翌日の四日目の朝にきみがこう言ったときに、そのことを知りました。

созна́ние 意識. неотло́жный 差し迫った. печа́льный 悲しい. однообра́зный 単調な. до́лгое вре́мя 長いこと（ここでは対格）. развлече́ние 気晴らし. любова́ться＋造格 ～にうっとり見とれる. зака́т 日の入り、日没. нау́тро 翌朝.

-37-

— Я о́чень люблю́ зака́т. Пойдём посмо́трим, как захо́дит со́лнце.
— Ну, придётся подожда́ть.
— Чего́ ждать?
— Что́бы со́лнце зашло́.
Снача́ла ты о́чень удиви́лся, а пото́м засмея́лся над собо́ю и сказа́л:
— Мне всё ка́жется, что я у себя́ до́ма! И в са́мом де́ле. Все зна́ют, что, когда́ в Аме́рике по́лдень, во Фра́нции со́лнце уже́ захо́дит. И е́сли бы за одну́ мину́ту перенести́сь во Фра́нцию, мо́жно бы́ло бы полюбова́ться зака́том. К несча́стью, до Фра́нции о́чень, о́чень далеко́. А на твое́й плане́тке тебе́ дово́льно бы́ло передви́нуть стул на не́сколько шаго́в. И ты опя́ть и опя́ть смотре́л на зака́тное не́бо, сто́ило то́лько захоте́ть...
— Одна́жды я за оди́н день ви́дел захо́д со́лнца со́рок три ра́за!
И немно́го погодя́ ты приба́вил:
— Зна́ешь... когда́ ста́нет о́чень гру́стно, хорошо́ погляде́ть, как захо́дит со́лнце...
— Зна́чит, в тот день, когда́ ты ви́дел со́рок три зака́та, тебе́ бы́ло о́чень гру́стно?
Но Ма́ленький принц не отве́тил.

(CD 6 ここまで)

пойти́ 出かける. заходи́ть 沈む（完了体 зайти́）. зашло́ < зайти́. удиви́ться 驚く. засмея́ться над собо́й 自分自身を嘲笑する. всё ずっと, 相変わらず. у себя́ до́ма 自宅に. в са́мом де́ле 実際に, 本当に（「実際に」の意味では на са́мом де́ле も同じだが, на са́мом де́ле がふつう挿入語として使われるのに対し, в са́мом де́ле はこの場合のように, 述語としても用いられる）. по́лдень 正午. за одну́ мину́ту 1分の間に. перенести́сь 移動する. мо́жно бы́ло бы できるだろうに.

「ぼくは夕日が大好きなんだ。お日さまが沈むのを見に行こうよ」
「少し待たなくてはね」
「何を待つの？」「お日さまが沈むのをさ」
　はじめのうち、きみはとてもびっくりしていましたが、それから自分の勘違いを笑いだしましたね。
「ぼくはずっと自分のうちにいるような気がしてるんだよ！」そして実際そうなのです。アメリカで正午のとき、フランスではもう太陽が沈みかけていることは、だれでも知っています。そして、もし1分でフランスに移動できるなら、日の入りを楽しむことができるでしょう。あいにくフランスは、とてもとても遠いところにあります。でも、きみの星では椅子を数歩動かすだけで十分だったのですね。そうすれば沈みいく太陽を、好きなときに何度も何度も見ることができたのです…
「あるとき、ぼくは1日のあいだに43回も太陽が沈むのを見たんだ」
　それからしばらくして、こう付け足しました。「あのね…　とても悲しくなったときには、お日さまが沈むのをながめるのがいいんだよ…」
「じゃあ、きみが43回も日の入りを見たときは、とても悲しかったんだね？」
　けれども、星の王子さまは返事をしませんでした。

к несчастью　不幸にも．довольно　十分だ．передвинуть　動かす、移す．на＋対格　〜だけ（数量の差を表す：例 На сколько твой брат старше меня?　きみの兄さんは私よりいくつ年上ですか）．несколько＋複数生格　いくつかの．шаг　1歩．опять　また、もう一度．закатный　日没の．стоило только захотеть　そうしたくなるだけで．заход　日没．немного погодя　しばらくして．знаешь（相手の注意を引いて）あのね．поглядеть　ながめる．значит　つまり．в тот день, когда 〜　〜の日に．

VII

На пя́тый день, опя́ть-таки благодаря́ бара́шку, я узна́л секре́т Ма́ленького при́нца. Он спроси́л неожи́данно, без предисло́вий, то́чно пришёл к э́тому вы́воду по́сле до́лгих молчали́вых разду́мий:

— Е́сли бара́шек ест кусты́, он и цветы́ ест?

— Он ест всё, что попадётся.

— Да́же таки́е цветы́, у кото́рых шипы́?

— Да, и те, у кото́рых шипы́.

— Тогда́ заче́м шипы́?

Э́того я не знал. Я был о́чень за́нят: в мото́ре зае́ло оди́н болт, и я стара́лся его́ отверну́ть. Мне бы́ло не по себе́, положе́ние станови́лось серьёзным, воды́ почти́ не оста́лось, и я на́чал боя́ться, что моя́ вы́нужденная поса́дка пло́хо ко́нчится.

— Заче́м нужны́ шипы́?

Зада́в како́й-нибудь вопро́с, Ма́ленький принц уже́ не отступа́лся, пока́ не получа́л отве́та. Непода́тливый болт выводи́л меня́ из терпе́нья, и я отве́тил наобу́м:

— Шипы́ ни заче́м не нужны́, цветы́ выпуска́ют их про́сто от зло́сти.

— Вот как!

Наступи́ло молча́ние. Пото́м он сказа́л почти́ серди́то:

— Не ве́рю я тебе́! Цветы́ сла́бые. И простоду́шные. И они́ стара́ются прида́ть себе́ хра́брости. Они́ ду́мают: е́сли у них шипы́, их все боя́тся...

Я не отве́тил. В ту мину́ту я говори́л себе́: е́сли э́тот болт и сейча́с не подда́стся, я так сту́кну по нему́ молотко́м, что он разлети́тся вдре́безги. Ма́ленький принц сно́ва переби́л мои́ мы́сли:

— А ты ду́маешь, что цветы́...

опя́ть-таки またしても. благодаря́ + 与格 ～のおかげで. секре́т 秘密. без предисло́вий まえおき抜きで. прийти́ к вы́воду 結論に至る. молчали́вый 無口な. разду́мье 物思い. цветы́ 花 (単数形は цвето́к). всё, что попадётся 出会うものはすべて. шип とげ. за́нятый 忙しい. зае́сть 動けなくする (無人称文で用いる). болт ボルト. отверну́ть (ねじを) 抜く. 与格 + не по себе́ ～はきげんが悪い, 気分が悪い. оста́ться 残る. вы́нужденная поса́дка 不時着. зада́в < зада́ть (вопро́с) (質問をする) の副動詞.

VII

　五日目に、またしても子羊のおかげで、わたしは星の王子さまの秘密を知りました。王子さまは、長いこと黙ったまま考えたあとで、その結論に到達したかのように、とつぜん、まえおき抜きでこんな質問をしました。
「もしも子羊がしげみを食べるとすると、花も食べるかな？」
「子羊は手当たりしだいに何でも食べるよ」
「とげのあるような花も食べるかな？」
「うん、とげのある花も食べるよ」
「それなら、何のためにとげなんてあるの？」
　わたしはそれを知りませんでした。わたしはとても忙しかったのです。エンジンのボルトが1本ひっかかっていて、それを抜こうとしていたのです。わたしは気が重く、事態は深刻になりつつあり、水はほとんど残っておらず、わたしは、不時着は失敗だったか、と心配になり始めていました。
「とげは何のために必要なの？」
　なにか質問をすると、星の王子さまは答えを受け取るまで、もうあきらめることがありませんでした。いうことを聞かないボルトに腹を立て始めていたわたしは、いいかげんな答えを言ってしまいました。
「とげは何のためにも必要じゃないさ、花はただいやがらせに、とげをだしているのさ」「そうなの！」
　沈黙が訪れました。それから王子さまは、ほとんどおこったように言いました。
「信じられないよ！　花は弱いものだよ。それに無邪気なものだよ。それで花は勇気をだそうとしてるんだよ。花の考えはね、もしもとげがあれば、みんながとげをこわがって…」
　わたしは答えませんでした。そのとき、わたしはこんなことを考えていたのです。いますぐこのボルトがいうことをきかなければ、ハンマーでたたいてこなごなにしてくれるぞ、と。
　星の王子さまが、またわたしの考えごとをじゃましました。
「それとも、おじさんの考えでは、花は…」

отступа́ться あきらめる. неподатливый 強情な、手に負えない. выводи́ть ～ из терпе́нья ～をかっとさせる. наобу́м 当てずっぽうに、いいかげんに. выпуска́ть 出す. злость 悪意、敵意. Вот как！ まさか！（驚き・意外さを表す）. наступи́ть 到来する. молча́ние 沈黙. серди́то 腹立たしげに. простоду́шный 純朴な、無邪気な. хра́брость 勇気. подда́ться 負ける、屈する. сту́кнуть たたく. молото́к ハンマー. разлете́ться 砕け散る. вдре́безги こなごなに. переби́ть さえぎる.

— Да нет же! Ничего я не думаю! Я ответил тебе первое, что пришло в голову. Ты видишь, я занят серьёзным делом.

Он посмотрел на меня в изумлении:

— Серьёзным делом?!

Он всё смотрел на меня: перепачканный смазочным маслом, с молотком в руках, я наклонился над непонятным предметом, который казался ему таким уродливым.

— Ты говоришь, как взрослые! — сказал он.

Мне стало совестно. А он беспощадно прибавил:

— Всё ты путаешь... ничего не понимаешь!

Да, он не на шутку рассердился. Он тряхнул головой, и ветер растрепал его золотые волосы.

— Я знаю одну планету, там живёт такой господин с багровым лицом. Он за всю свою жизнь ни разу не понюхал цветка. Ни разу не поглядел на звезду. Он никогда никого не любил. И никогда ничего не делал. Он занят только одним: складывает цифры. И с утра до ночи твердит одно: «Я человек серьёзный! Я человек серьёзный!» — совсем как ты. И прямо раздувается от гордости. А на самом деле он не человек. Он гриб.

— Что?

— Гриб!

Маленький принц даже побледнел от гнева.

— Миллионы лет у цветов растут шипы. И миллионы лет барашки всё-таки едят цветы. Так неужели же это не серьёзное дело — понять, почему они

Да нет же! Да も же もともに нет を強める. прийти в голову 頭に浮かぶ. изумление 驚嘆. перепачкать すっかり汚す. смазочное масло 潤滑油、機械油. наклониться 身をかがめる. уродливый 醜い、ぶかっこうな. совестно 恥ずかしい. беспощадно 容赦なく. путать もつれさせる、混同する. не на шутку 冗談でなく. рассердиться おこる. тряхнуть головой 頭をひと振りする.

「違うったら！　ぼくは何も考えてはいないよ！　頭に浮かんだ最初のことを答えたのさ。わかるだろ、ぼくはまじめな仕事で忙しいんだよ」
　王子さまは、びっくりしてわたしを見ました。「まじめな仕事?!」
　王子さまはわたしのほうをずっと見ていました。手にハンマーをもって、機械油だらけになったわたしは、王子さまにはひどくぶかっこうに見える、わけのわからないものの上に身をかがめているのでした。
　「おとなたちみたいなことを言うんだね！」と王子さまは言いました。
　わたしは恥ずかしくなりました。王子さまは容赦なくこう付け加えました。
　「なにもかもごちゃごちゃだ…　全然わかってない！」
　そうです、王子さまは本気になっておこったのでした。王子さまが頭をひと振りすると、金髪が風でくしゃくしゃになりました。
　「ぼくはある星を知ってるけど、そこには真っ赤な顔をした紳士が住んでるんだ。その人は生まれてから一度も花のにおいをかいだことがない。一度も星をながめたことがない。だれのことも愛したことがない。そして何にもしたことがないんだ。そのひとは、たったひとつのことに忙しいんだ。数字を足してるんだよ。そうして、朝から晩まで『わたしはまじめな人間だ！　わたしはまじめな人間だ！』の繰り返し ── まるでおじさんみたいだ。そうして自慢ですっかりふくれあがっているのさ。じっさい、その人は人間じゃないよ。キノコさ」
　「何だって？」「キノコ！」
　星の王子さまは怒りのせいで真っ青になったほどでした。
　「何百万年ものあいだ、花にはとげが生えている。そして何百万年ものあいだ子羊たちは、それにもかかわらず花を食べている。もしも、とげに何の意味もな

растрепа́ть　くしゃくしゃにする. господи́н　紳士. багро́вый　赤紫色の. ни ра́зу не ～　一度も～ない. поню́хать（ においを ）かぐ. погляде́ть　ながめる. скла́дывать　並べる. ци́фра　数字. с утра́ до но́чи　朝から晩まで. тверди́ть　繰り返す. раздува́ться　ふくらむ. го́рдость　誇り、プライド. побледне́ть　青ざめる. гнев　怒り. миллио́н　100万. расти́　成長する、生える. неуже́ли ～　本当に～か.

-43-

изо всех сил стара́ются отрасти́ть шипы́, е́сли от шипо́в нет никако́го то́лку? Неуже́ли э́то не ва́жно, что бара́шки и цветы́ вою́ют друг с дру́гом? Да ра́зве э́то не серьёзнее и не важне́е, чем арифме́тика то́лстого господи́на с багро́вым лицо́м? А е́сли я зна́ю еди́нственный в ми́ре цвето́к, он растёт то́лько на мое́й плане́те, и друго́го тако́го бо́льше нигде́ нет, а ма́ленький бара́шек в одно́ прекра́сное у́тро возьмёт и съест его́ и да́же не бу́дет знать, что он натвори́л? И э́то, по-тво́ему, не ва́жно?

Он гу́сто покрасне́л. Пото́м продолжа́л:

— Е́сли лю́бишь цвето́к — еди́нственный, како́го бо́льше нет ни на одно́й из мно́гих миллио́нов звёзд, — э́того дово́льно: смо́тришь на не́бо — и ты сча́стлив. И говори́шь себе́: «Где́-то там живёт мой цвето́к...» Но е́сли бара́шек его́ съест, э́то всё равно́, как е́сли бы все звёзды ра́зом пога́сли! И э́то, по-тво́ему, не ва́жно!

Он бо́льше не мог говори́ть. Он вдруг разрыда́лся. Стемне́ло. Я бро́сил рабо́ту. Я и ду́мать забы́л про злополу́чный болт и молото́к, про жа́жду и смерть. На звезде́, на плане́те — на мое́й плане́те по и́мени Земля́ — пла́кал Ма́ленький принц, и на́до бы́ло его́ уте́шить. Я взял его́ на́ руки и стал баю́кать. Я говори́л ему́: «Цветку́, кото́рый ты лю́бишь, ничто́ не грози́т... Я нарису́ю твоему́ бара́шку намо́рдник... нарису́ю для твоего́ цветка́ броню́... я...» Я не знал, что ещё ему́ сказа́ть. Я чу́вствовал себя́ ужа́сно нело́вким и неуклю́жим. Как позва́ть, чтобы он услы́шал, как догна́ть его́ ду́шу, ускольза́ющую от меня́? Ведь она́ така́я таи́нственная и неизве́данная, э́та страна́ слёз...

изо всех сил 全力で. отрасти́ть 生やす, 伸ばす. толк 意味、効用（то́лку は生格）. воева́ть 戦う、戦争する (вою́ю, вою́ешь...вою́ют). арифме́тика 算数. то́лстый 太った. еди́нственный 唯一の. в одно́ прекра́сное у́тро ある朝. взять とる (возьму́, возьмёшь...возьму́т). натвори́ть （よくないことを）しでかす. гу́сто ひどく. покрасне́ть 赤くなる. дово́льно＋生格 ～で十分だ. сча́стлив＜счастли́вый（幸福な）の短語尾男性形. всё равно́, как ～ ～と同じことだ. ра́зом 一度に. пога́снуть 消える（過去形 пога́с, пога́сла...）. разрыда́ться わっと泣きだす.

いとしたら、花たちがどうして全力でとげを生やそうとするのか、それを理解することが、どうしてまじめな仕事じゃないんだい？ 子羊と花が戦争しているということが重要じゃないなんてことがある？ これは、真っ赤な顔をした太った紳士の算数より、まじめで重要なことじゃないの？ もしも、ぼくが世界で一本しかない花を知っていて、それがぼくの星にしか生えていなくて、そんな花は、もうほかのどこにもないのに、小さな子羊がある朝とつぜんそれを摘んで食べちゃっても、自分のしたことなんてわかりゃしないでしょ？ そしておじさんの考えじゃ、こういうことはみんなだいじじゃないというの？」

王子さまはひどく赤くなりました。それから続けました。

「もしも花が好きなら ―― 何百万ものたくさんの星のうちで、もうほかのどの一つにもないような、たった一つの花が好きだとしたら ―― それで十分なんだ。空を見ればそれで幸せなんだよ。そして、こんなひとり言を言うんだ。『あそこのどこかに、ぼくの花が生きている…』って。でも子羊が花を食べてしまったら、星が全部一度に消えてしまうのと同じことなんだ！ そしてそんなことは、おじさんの考えでは、だいじじゃないんだね！」

王子さまは、もうそれ以上話せませんでした。とつぜん、わっと泣きだしたのです。暗くなりました。わたしは仕事をやめました。呪われたボルトのこともハンマーも、のどの渇きも死のことも、わたしは考えることも忘れてしまいました。星で、惑星で ―― 地球という名のわたしの惑星で ―― 星の王子さまが泣いており、慰めなくてはなりませんでした。わたしは王子さまを抱き上げて、あやし始めました。『きみが好きな花をこわがらせるものは何もないよ… きみの子羊に、ぼくが口輪を描いてあげよう… きみの花には、鎧(よろい)を描いてあげよう… ぼくが…』さらに何と言ったらいいか、わたしにはわかりませんでした。わたしはひどく気詰まりで、ぎこちない感じでした。わたしは王子さまの耳に入るようにするにはどう呼べばいいのでしょう、わたしからすっと離れていく王子さまの心にどうやって追いついたらいいのでしょう？ なぜなら、ほんとうに神秘的で未知の世界なのですから、この涙の国というところは…

стемне́ть 暗くなる. бро́сить やめる. забы́ть 忘れる. злополу́чный 不運な. жа́жда 渇き. смерть 死. по и́мени ～という名の. Земля́ 地球. уте́шить 慰める. взять ～ на́ руки ～を抱き上げる. баю́кать あやす, 寝かしつける. грози́ть + 与格 ～をおどす. намо́рдник 口輪. броня́ 鎧(よろい). ужа́сно ものすごく. нело́вкий 気まずい. неуклю́жий ぐずぐずした. услы́шать 耳に入る. догна́ть 追いつく. ускольза́ющий＜ускольза́ть (すべり落ちる) の形動詞. неизве́данный 未知の. страна́ 国. слеза́ 涙 (слёз は複数生格).

VIII 💿7

Очень скоро я лучше узнал этот цветок. На планете Маленького принца всегда росли простые, скромные цветы — у них было мало лепестков, они занимали совсем мало места и никого не беспокоили. Они раскрывались поутру в траве и под вечер увядали. А этот пророс однажды из зерна, занесённого неведомо откуда, и Маленький принц не сводил глаз с крохотного ростка, не похожего на все остальные ростки и былинки. Вдруг это какая-нибудь новая разновидность баобаба? Но кустик быстро перестал тянуться ввысь, и на нём появился бутон. Маленький принц никогда ещё не видал таких огромных бутонов и предчувствовал, что увидит чудо. А неведомая гостья, ещё скрытая в стенах своей зелёной комнатки, всё готовилась, всё прихорашивалась. Она заботливо подбирала краски. Она наряжалась неторопливо, один за другим примеряя лепестки. Она не желала явиться на свет встрёпанной, точно какой-нибудь мак. Она хотела показаться во всём блеске своей красоты. Да, это была ужасная кокетка! Таинственные приготовления длились день за днём. И вот однажды утром, едва взошло солнце, лепестки раскрылись.

скоро じきに、まもなく. простой ふつうの、ありふれた. скромный つつましい. лепесток 花びら、花弁. занимать（場所を）占める. беспокоить 迷惑をかける. раскрываться ひらく. поутру 朝早く（рано утром）. под вечер 夕方近く. увядать しぼむ、しおれる. прорасти 芽をだす（過去形 пророс, проросла...）. зерно 種. занесённый<занести（遠くから持って来る）の被動形動詞過去. неведомо откуда どこからともなく. сводить そらす. крохотный ごく小さな. росток 芽. остальной 残りの、ほかの. былинка 草の茎. вдруг 万一〜なら. разновидность 変種. кустик 小さな木. перестать やめる. тянуться 伸びる. ввысь 上へ、上空へ.

VIII

　ほどなく、わたしはその花のことをもっとよく知りました。星の王子さまの星には、いつも、ふつうの、つつましやかな花が生えていました —— 花びらが少ししかなく、場所もほんのちょっとしかとらず、だれにも迷惑をかけていませんでした。花たちは朝早く草の中でひらき、夕方近くにしぼみました。でも、その花は、あるとき、どこからともなく運ばれてきた種から芽をだし、星の王子さまは、ほかのどんな芽や茎とも似ていない、そのちっぽけな芽から目が離せなくなりました。ひょっとしてバオバブの新しい変種みたいなものならどうしたらいいでしょう？　けれども小さな木はすぐに上に伸びるのをやめ、つぼみを一つつけました。星の王子さまは、こんな大きなつぼみはまだ一度も見たことがなく、すばらしいものが見られそうな予感がしました。でも、まだ緑の小部屋の壁の中に隠れたままの、その見知らぬお客さんは、準備に余念がなく、おめかしをしてばかりいました。注意深く色合いを選んでいました。花びらを一枚また一枚と試しながら、ゆうゆうと着飾っていました。彼女は、ちょうどけしの花みたいに、くしゃくしゃのままこの世に現れ出るのはいやだったのです。輝くばかりの美しさで姿を見せたかったのです。そう、とんでもないおしゃれさんだったのですね！秘密の支度は日一日と長引いていきました。そうしてある朝のこと、太陽が昇るやいなや、花びらがひらきました。

появи́ться　現れる．буто́н　つぼみ．предчу́вствовать　予感する．чу́до　驚異、奇跡．неве́домый　未知の．го́стья　女の客．скры́тый　隠された．прихора́шиваться　着飾る、おめかしをする．забо́тливо　注意深く．подбира́ть　選びだす．кра́ски　色合い、色調．наряжа́ться　着飾る．неторопли́во　急がずに．примеря́я＜примеря́ть（寸法を合わせる）の副動詞．встрёпанный＜встрепа́ть（もじゃもじゃにする）の被動形動詞過去．мак　けし．показа́ться　現れる、姿を見せる．во всём бле́ске　輝くばかりに．приготовле́ние　準備、支度．дли́ться　長引く．едва́　〜するやいなや．взойти́（太陽が）昇る（過去形 взошёл, взошла́...）．

-47-

И красавица, которая столько трудов положила, готовясь к этой минуте, сказала, позёвывая:

— Ах, я насилу проснулась... Прошу извинить... Я ещё совсем растрёпанная.

Маленький принц не мог сдержать восторга:

— Как вы прекрасны!

— Да, правда? — был тихий ответ. — И заметьте, я родилась вместе с солнцем.

Маленький принц, конечно, догадался, что удивительная гостья не страдает избытком скромности, зато она была так прекрасна, что дух захватывало!

А она вскоре заметила:

— Кажется, пора завтракать. Будьте так добры, позаботьтесь обо мне...

Маленький принц очень смутился, разыскал лейку и полил цветок ключевой водой.

Скоро оказалось, что красавица горда и обидчива, и Маленький принц совсем с нею измучился. У неё было четыре шипа, и однажды она сказала ему:

— Пусть приходят тигры, не боюсь я их когтей!

— На моей планете тигры не водятся, — возразил Маленький принц. — И потом, тигры не едят траву.

позёвывая＜позёвывать（ときどきあくびをする）の副動詞. насилу やっとのことで. растрёпанный ぼさぼさ頭の、だらしのない服装の. сдержать восторг 感激をこらえる. заметить 心にとめる. заметьте（相手の注意を促して）いいですか. догадаться 推量する、見当をつける. страдать＋造格（病気に）かかっている. избыток 過剰. скромность 控えめなこと、謙虚. зато そのかわり. дух захватывать（驚いて）息がつまる（дух は対格で無人称文）. вскоре やがて、まもなく.

そして、このときにあわせてたっぷり苦労した美人さんは、あくびをしながら言いました。
「ああ、やっと目がさめましたわ… ごめんあそばせ… わたしったら、まだこんなだらしのないかっこうで」
　星の王子さまは感激をこらえることができませんでした。
「何て素晴らしいんだろう！」
「あら、本当に？」と小さな声が答えました。「よろしいですこと、わたしは太陽と一緒に生まれたんですのよ」
　星の王子さまは、もちろん、このすてきなお客さんが、それほどつつましやかではないことを見て取りましたが、でもそのかわり、そのすばらしいことといったら、息がつまるほどでした！
　やがてお客さんが言いました。
「どうやら朝食のお時間みたい。どうぞお願いですから、何かわたしにいただけませんかしら…」
　星の王子さまはとてもどぎまぎしてしまい、じょうろを探しだすと、その花に泉の水をかけてあげました。
　ほどなくその美人さんは気位が高くて、おこりっぽいことがわかり、星の王子さまはすっかりもてあましてしまいました。美人さんにはとげが４本ついていましたが、あるとき王子さまにこう言いました。
「トラを連れてきてもよくってよ、わたしはトラの爪などこわくありません！」
「ぼくの星にはトラはいないよ」と星の王子さまは言い返しました。「それにトラは草なんか食べやしないよ」

Бу́дьте добры́! お願いします（ものを頼むときの慣用表現）. позабо́титься о＋前置格 ～の世話をする、面倒を見る. смути́ться どぎまぎする. разыска́ть 探しだす. ле́йка じょうろ. поли́ть 水をかける（水をかける対象を対格で、水を造格で表す）. ключева́я вода́ 泉の水. Оказа́лось, что ～ ～であることがわかる. го́рдый 高慢な. оби́дчивый おこりっぽい. изму́читься 疲れ果てる. пусть прихо́дят ти́гры トラを来させなさい. ко́готь 爪（когте́й は複数生格）. води́ться いる. пото́м その上.

-49-

— Я не трава́, — ти́хо заме́тил цвето́к.

— Прости́те меня́...

— Нет, ти́гры мне не стра́шны, но я ужа́сно бою́сь сквозняко́в. У вас нет ши́рмы?

«Расте́ние, а бои́тся сквозняко́в... о́чень стра́нно, — поду́мал Ма́ленький принц. — Како́й тру́дный хара́ктер у э́того цветка́».

— Когда́ наста́нет ве́чер, накро́йте меня́ колпако́м. У вас тут сли́шком хо́лодно. О́чень неую́тная плане́та. Там, отку́да я прибыла́...

Она́ не договори́ла. Ведь её занесло́ сюда́, когда́ она́ была́ ещё зёрнышком. Она́ ничего́ не могла́ знать о други́х мира́х. Глу́по лгать, когда́ тебя́ так легко́ уличи́ть! Краса́вица смути́лась, пото́м ка́шлянула раз-друго́й, что́бы Ма́ленький принц почу́вствовал, как он пе́ред не́ю винова́т:

— Где же ши́рма?

— Я хоте́л пойти́ за ней, но не мог же я вас не дослу́шать!

Тогда́ она́ зака́шляла сильне́е: пуска́й его́ всё-таки помучит со́весть!

Хотя́ Ма́ленький принц и полюби́л прекра́стый цвето́к и рад был ему́ служи́ть, но вско́ре в душе́ его́ пробуди́лись сомне́ния. Пусты́е слова́ он принима́л бли́зко к се́рдцу и стал чу́вствовать себя́ о́чень несча́стным.

сквозня́к(-ка́) すきま風. ши́рма ついたて、屏風. расте́ние 植物. хара́ктер 性格. наста́ть やって来る (наста́ну, наста́нешь...наста́нут). накры́ть おおう、かぶせる (накро́ю, накро́ешь...накро́ют). колпа́к おおいのふた. неую́тный 居心地の悪い. там, отку́да я прибыла́ わたしがそこからやって来たところ (отку́да は関係詞). прибы́ть 到着する (過去形 при́был, прибыла́). договори́ть 言い終える. занести́ 連れ去る、持ち込む. зёрнышко<зерно́ (種) の指小形.

「わたしは草ではありません」と、花は小さな声で言いました。
「すみません…」
「いいえ、わたしはトラなんかおそろしくありませんけど、すきま風がひどくこわいんです。お宅にはついたてはございませんの？」
『植物なのに、すきま風がこわいだなんて… ふしぎなこともあるものだなあ…』
そう星の王子さまは思いました。『何ともむずかしい性格の花だなあ』
「夕方になったら、わたしに、おおいのふたをかぶせてください。お宅のここはひどく寒いわ。すごく居心地の悪い星ね。わたしがいたところは…」

美人さんはおしまいまで言いませんでした。ここに運ばれて来たとき、美人さんはまだほんの種だったのですから。それ以外の世界については何も知ることはできなかったのです。うそがあまり簡単に見破られるときには、うそをつくのは馬鹿げています！ 美人さんは困った顔をして、星の王子さまが美人さんに申し訳なく思うようにと、何度かせきばらいをしました。

「ついたては、いったいどこですか？」
「取りに行こうと思ったんだけど、話を最後まで聞かないわけにもいかないと思ってさ！」
すると花はもっとはげしくせきこみはじめ、何とかして王子さまの良心を苦しめようとするのです！
なるほど星の王子さまはすてきな花が好きになりましたし、花のお世話も喜んでしていましたが、まもなく王子さまの心に疑いが生まれました。中身のない言葉を真に受けているうちに、とても情けない気がしてきたのです。

глу́по　ばかげている．лгать　うそをつく．уличи́ть（犯罪を）あばく．ка́шлянуть　せきをする．раз-друго́й　二、三度．винова́тый пе́ред　～に対して罪がある．пойти́ за＋造格　～を取りに出かける．дослу́шать　聞き終わる．зака́шлять　せきをし始める．пуска́й＝пусть（～させる）．помучи́ть　しばらく苦しめる．со́весть　良心．служи́ть　仕える、奉仕する．пробуди́ться　目覚める．принима́ть бли́зко к се́рдцу　心にとめる、気にかける．

— Напра́сно я её слу́шал, — дове́рчиво сказа́л он мне одна́жды. — Никогда́ не на́до слу́шать, что говоря́т цветы́. На́до про́сто смотре́ть на них и дыша́ть их арома́том. Мой цвето́к напои́л благоуха́нием всю мою́ плане́ту, а я не уме́л ему́ ра́доваться. Э́ти разгово́ры о когтя́х и ти́грах... Они́ должны́ бы меня́ растро́гать, а я разозли́лся...

И ещё он призна́лся:

— Ничего́ я тогда́ не понима́л! На́до бы́ло суди́ть не по слова́м, а по дела́м. Она́ дари́ла мне свой арома́т, озаря́ла мою́ жизнь. Я не до́лжен был бежа́ть. За э́тими жа́лкими хи́тростями и уло́вками на́до бы́ло угада́ть не́жность. Цветы́ так непосле́довательны! Но я был сли́шком мо́лод, я ещё не уме́л люби́ть.

(CD 7 ここまで)

IX (CD 8)

Как я по́нял, он реши́л стра́нствовать с перелётными пти́цами. В после́днее у́тро он стара́тельней обы́чного прибра́л свою́ плане́ту. Он забо́тливо прочи́стил де́йствующие вулка́ны. У него́ бы́ло два де́йствующих вулка́на. На них о́чень удо́бно по утра́м разогрева́ть за́втрак. Кро́ме того́, у него́ был ещё оди́н поту́хший вулка́н. Но, сказа́л он, ма́ло ли что мо́жет случи́ться!

напра́сно むだに、いたずらに. дове́рчиво 信用して. дыша́ть+造格 〜を呼吸する. арома́т 芳香、香り. напои́ть いっぱいにする. благоуха́ние いい香り. ра́доваться+与格 〜を喜ぶ、うれしく思う. растро́гать 感動させる. разозли́ться いらいらする、怒る. призна́ться 打ち明ける. суди́ть 判断する. не по слова́м, а по дела́м 言葉によってではなく行いによって. озаря́ть 照らす、明るくする. бежа́ть 逃走する. за э́тими жа́лкими хи́тростями и уло́вками あのみじめなずるさや策略のかげに. угада́ть 見抜く. непосле́довательный 一貫性のない、つじつまの合わない.

「美人さんの話は聞いてもむだだったんだ」と、あるとき王子さまはわたしに打ち明けて言いました。「花の言うことなんか、絶対に聞いちゃいけないんだ。ただ目で見て、香りを吸い込めばいいんだ。ぼくの花は、ぼくの星をいい香りでいっぱいにしてくれたのに、ぼくはその香りを楽しむすべを知らなかったのさ。あの爪やトラの話だって… あれはぼくを感動させるはずなのに、ぼくったら腹を立ててしまったりして…」

それから王子さまはこうも打ち明けました。

「あのころ、ばくは何もわかっていなかったんだよ！ 言葉じゃなく、行いで判断しなくちゃいけなかったんだ。あの花はぼくに自分の香りをくれて、ぼくの暮らしを照らしてくれていたんだよ。ぼくは逃げだすべきじゃなかったんだ。あの安っぽい、ずるいやり方や策略の裏側に、優しさを見抜かなけりゃいけなかったんだ。花のすることは本当にめちゃくちゃなんだから！ でもぼくは小さすぎて、まだ愛することがわかってなかったんだ」

IX

わたしの理解によれば、王子さまは渡り鳥といっしょに旅をすることに決めたのです。最後の朝、王子さまはふだんより力を入れて自分の星をきれいにしました。ていねいに活火山の掃除をしました。王子さまのところには活火山が二つありました。活火山は毎朝朝ごはんを暖めるのにとても便利です。そのほかにもう一つ休火山がありました。でも、王子さまの言うには、何が起こるかわかったものではありません！

как я по́нял わたしが理解したところによれば. перелётная пти́ца 渡り鳥. стара́тельней обы́чного ふだんより熱心に（стара́тельней は стара́тельно の比較級）. прибра́ть 片付ける. забо́тливо 入念に. прочи́стить（穴などの内側を）掃除する. де́йствующий вулка́н 活火山. два де́йствующих вулка́на（два のあと名詞は単数生格、形容詞は名詞が男性名詞の場合、複数生格）. по утра́м 毎朝. разогрева́ть 暖める. кро́ме того́ そのほかに. поту́хший вулка́н 死(休)火山. Ма́ло ли что мо́жет случи́ться. いろいろなことが起こりうる. 何が起こるかわからない.

Поэтому он прочистил и потухший вулкан тоже. Когда вулканы аккуратно чистишь, они горят ровно и тихо, без всяких извержений. Извержение вулкана — это всё равно что пожар в печной трубе, когда там загорится сажа. Конечно, мы, люди на Земле, слишком малы и не можем прочищать наши вулканы. Вот почему они доставляют нам столько неприятностей.

Потом Маленький принц не без грусти вырвал последние ростки баобабов. Он думал, что никогда не вернётся. Но в то утро привычная работа доставляла ему необыкновенное удовольствие. А когда он в последний раз полил чудесный цветок и собрался накрыть его колпаком, ему даже захотелось плакать.

— Прощайте, — сказал он.

Красавица не ответила.

— Прощайте, — повторил Маленький принц.

Она кашлянула. Но не от простуды.

— Я была глупая, — сказала она наконец. — Прости меня. И постарайся быть счастливым.

И ни слова упрёка. Маленький принц очень удивился. Он застыл, растерянный, со стеклянным колпаком в руках. Откуда эта тихая нежность?

аккуратно きちんと. ровно 一様に. извержение 噴火. всё равно что 〜と同じ. печная труба 煙突. загореться 火がつく. сажа すす. доставлять もたらす. не без грусти 悲しくないともいえず. привычный 習慣的な.

それで王子さまはその休火山もやはり掃除しました。火山はきちんきちんと掃除さえしていれば、規則正しく、静かに燃えるものなので、噴火なんかしないものなのです。火山の噴火は、すすに火がついておこる煙突の火事と同じことなのです。もちろん、わたしたち地球の人間は小さすぎて、わたしたちの火山を掃除するわけにはいきません。そういうわけで火山はわたしたちにひどく面倒をかけるのです。

それから星の王子さまは、ちょっぴり悲しい気持ちで、最後のバオバブの芽を引き抜きました。王子さまは、もう二度と帰ってくることはないと思っていたのです。でも、その朝、王子さまはいつもの仕事に、いつになく満足をおぼえました。すてきな花に最後の水をやり、おおいのふたをかぶせるときには、泣きたくなったほどでした。

「さようなら」と王子さまは言いました。

美人さんは答えませんでした。

「さようなら」と星の王子さまは繰り返しました。

美人さんはせきを一つしました。けれども、風邪のせいではありません。

「わたしはばかでした」と、とうとう美人さんは言いました。「わたしを許してね。そしてがんばって幸せになってね」

そして非難の言葉はひと言もありません。星の王子さまはとても驚きました。王子さまはガラスのおおいを手にしたまま、途方にくれて立ちすくんでしまいました。この落ち着いた優しさはどうしたのでしょう？

собра́ться＋不定形 ～しようとする．просту́да 風邪．постара́ться＋不定形 ～しようと努める．ни сло́ва ひと言もない．упрёк 非難．удиви́ться びっくりする．засты́ть 立ちすくむ．расте́рянный 途方にくれた．стекля́нный ガラスの．

— Да, да, я люблю тебя, — услышал он. — Моя вина, что ты этого не знал. Да это и не важно. Но ты был такой же глупый, как и я. Постарайся быть счастливым... Оставь колпак, он мне больше не нужен.

— Но ветер...

— Не так уж я простужена... Ночная свежесть пойдёт мне на пользу. Ведь я — цветок.

— Но звери, насекомые...

— Должна же я стерпеть двух-трёх гусениц, если хочу познакомиться с бабочками. Они, наверно, прелестны. А то кто же станет меня навещать? Ты ведь будешь далеко. А больших зверей я не боюсь. У меня тоже есть когти.

И она в простоте душевной показала свои четыре шипа. Потом прибавила:

— Да не тяни же, это невыносимо! Решил уйти — так уходи.

Она не хотела, чтобы Маленький принц видел, как она плачет. Это был очень гордый цветок...

(CD 8 ここまで)

Моя вина, что 〜はわたしの罪だ. такой же глупый, как и я わたしと同じくらいにおろかな. оставить そのままにしておく、放置する. больше не もはや〜でない. простуженный 風邪を引いた. свежесть 新鮮さ、さわやかさ. пойти на пользу 効き目をあらわす、ためになる. стерпеть がまんする. гусеница 青虫、毛虫.

-56-

「ええ、ええ、わたしはあなたが好きなのです」という声が聞こえました。「それをあなたが知らなかったのはわたしが悪いのです。いえ、そんなことはだいじなことではありません。でも、あなたもわたしと同じくらいばかだったのです。がんばって幸せになってね… おおいのふたは、ほっといてちょうだい、もういりませんから」

「でも風が…」

「もうそれほど風邪もひどくないし… 夜の冷たさが体のためにいいのです。だって、わたし、花ですものね」

「でも猛獣とか、虫とか…」

「ちょうちょと知り合いになりたいのなら、毛虫の2、3匹はがまんしなくてはね。ちょうちょはきっとすてきでしょうね。そうでなかったら、一体だれがわたしを訪ねてくれるでしょう。だって、あなたは遠くへ行ってしまうのですから。大きな生きものは、わたしこわくありません。わたしにも爪がありますからね」

そして美人さんは、人がよさそうに、自分の4本のとげを見せました。それからこう付け足しました。

「さあ、ぐずぐずしないで、こんなのはがまんできません！ 行くと決めたのですから、さあ行ってちょうだい」

美人さんは、泣いているのを星の王子さまに見られるのが、いやだったのです。とても気位の高い花だったのですから…

познако́миться с＋造格 〜と知り合いになる. ба́бочка 蝶. наве́рно きっと、おそらく. преле́стный すてきな. а то さもないと. навеща́ть 訪ねる. в простоте́ душе́вной 馬鹿正直に. тяну́ть 引き伸ばす、ぐずぐずする. невыноси́мо 耐え難い. уходи́＜уходи́ть（すぐに動作にとりかかるよう催促する）の命令形.

X CD 9

Бли́же всего́ к плане́те Ма́ленького при́нца бы́ли астеро́иды 325, 326, 327, 328, 329 и 330. Вот он и реши́л для нача́ла посети́ть их: на́до же найти́ себе́ заня́тие да и поучи́ться чему́-нибудь.

На пе́рвом астеро́иде жил коро́ль. Облачённый в пу́рпур и горноста́и, он восседа́л на тро́не, о́чень просто́м и всё же велича́ственном.

— А, вот и по́дданный! — воскли́кнул коро́ль, уви́дав Ма́ленького при́нца.

«Как же он меня́ узна́л? — поду́мал Ма́ленький принц. — Ведь он ви́дит меня́ в пе́рвый раз!»

Он не знал, что короли́ смо́трят на мир о́чень упрощённо: для них все лю́ди — по́дданные.

— Подойди́, я хочу́ тебя́ рассмотре́ть, — сказа́л коро́ль, ужа́сно го́рдый тем, что он мо́жет быть для кого́-то королём.

Ма́ленький принц огляну́лся — нельзя́ ли где́-нибудь сесть, но великоле́пная горноста́евая ма́нтия покрыва́ла всю плане́ту. Пришло́сь стоя́ть, а он так уста́л... И вдруг он зевну́л.

— Этике́т не разреша́ет зева́ть в прису́тствии мона́рха, — сказа́л коро́ль. — Я запреща́ю тебе́ зева́ть.

— Я неча́янно, — отве́тил Ма́ленький принц, о́чень смущённый. — Я до́лго был в пути́ и совсе́м не спал...

— Ну, тогда́ я повелева́ю тебе́ зева́ть, — сказа́л коро́ль. — Мно́гие го́ды я не ви́дел, что́бы кто́-нибудь зева́л. Мне э́то да́же любопы́тно. Ита́к, зева́й! Тако́в мой прика́з.

— Но я робе́ю... я бо́льше не могу́... — вы́молвил Ма́ленький принц и гу́сто покрасне́л.

(CD 9 ここまで)

бли́же всего́ 一番近い. 325、326、327、328、329、330 (три́ста два́дцать пять,...шесть,...семь,...во́семь,...де́вять,...три́ста три́дцать). для нача́ла 手はじめに. посети́ть 訪問する. да и そして. поучи́ться + 与格 〜をしばらく学ぶ. коро́ль 王. облачённый в + 対格 〜を着て. пу́рпур 深紅の衣装. горноста́й 白てんの毛皮. восседа́ть 重々しくすわっている. трон 玉座. велича́ственный 堂々とした. по́дданный 国民. узна́ть 〜だとわかる. в пе́рвый раз 初めて. упрощённо 単純化して. подойти́ 歩み寄る. рассмотре́ть よく見る. го́рдый тем, что... 〜を誇りに思って.

-58-

X

　星の王子さまの星に一番近かったは小惑星325と326と327と328と329と330でした。そこで王子さまは、手はじめに、それらの星を訪ねることにしました。仕事を見つけて、何かを身につけようというのです。
　最初の小惑星に住んでいたのは王さまでした。深紅の衣装と白てんの毛皮に身をつつんだ王さまは、あっさりした、それでも堂々とした玉座に腰を下ろしていました。
　「やあ、ようやく国民が来おったな！」星の王子さまを見ると、王さまは叫び声を上げました。
　『どうしてぼくのことがわかったのだろう？ —— と星の王子さまは思いました —— だってぼくを見るのは初めてなのになあ！』
　王さまたちというものは世界をまったく単純に見ているということを王子さまは知らなかったのです。王さまにとっては人はみな国民なのですから。
　「近くへ寄れ、よく見えるようにな」と、だれかの王さまになれるのが、ことのほか誇らしそうに王さまは言いました。
　星の王子さまは、どこかに腰を下ろせないかと振り返りましたが、きらびやかな白てんの長いマントが星全体をおおっているのでした。立っていなければなりませんでしたが、王子さまはとても疲れていて… とつぜん王子さまはあくびをしてしまいました。
　「君主のおるところであくびをする行儀作法などがあるか」と王さまは言いました。「あくびは禁止じゃ」
　「ぼく、ついうっかり」と星の王子さまは、とてもどぎまぎしながら答えました。「ずっと旅をしていて、全然眠っていなかったので…」
　「うむ、ならば、あくびをするよう命じよう」と王さまは言いました。「何年ものあいだ、人があくびをするところなど見ておらなかった。むしろ興味津々じゃ。しからば、あくびをせよ！　命令じゃ」
　「でも、ぼく、だめです… もうできません…」そう星の王子さまは口にだすと顔中を赤くしました。

оглянýться 振り返ってみる. нельзя́ ли 〜できないかと. великолéпный 豪華な. горностáевый 白てん（горностáй）の毛皮の. мáнтия 長いマント. покрывáть おおう. зевнýть（1回）あくびをする（不完了体はзевáть）. этикéт エチケット. разрешáть 許す. в присýтствии＋生格 〜のいるところで. монáрх 君主. запрещáть 禁ずる. нечáянно うっかり. в пути́ 旅の途中で. повелевáть 命ずる. любопы́тно 好奇心をそそる, おもしろい. итáк かくて. такóв そのようなものだ. прикáз 命令. робéть ひるむ, おじける. вы́молвить 口にだす. гýсто すごく. покраснéть 赤くなる.

— Гм, гм... Тогда... тогда я повелева́ю тебе́ то зева́ть, то...

Коро́ль запу́тался и, ка́жется, да́же немно́го рассерди́лся.

Ведь для короля́ са́мое ва́жное — что́бы ему́ повинова́лись беспрекосло́вно. Непоко́рства он бы не потерпе́л. Э́то был абсолю́тный мона́рх. Но он был о́чень добр, а потому́ отдава́л то́лько разу́мные приказа́ния.

«Е́сли я повелю́ своему́ генера́лу оберну́ться морско́й ча́йкой, — гова́ривал он, — и е́сли генера́л не вы́полнит прика́за, э́то бу́дет не его́ вина́, а моя́».

то..., то ~ あるいは…あるいは~. запу́таться もつれる. рассерди́ться 腹を立てる. повинова́ться 服従する、従う. беспрекосло́вно 文句なしに、絶対的に. непоко́рство 反抗、不服従. потерпе́ть がまんする.

「ふむ、ふむ… ならば… ならば命ずるとしよう、ときにはあくびをし、またときには…」

王さまはこんがらかってしまい、どうやら少し腹を立ててしまったようでした。

というのも、王さまにとって一番大切なことは、自分に文句なしに従わせることだからです。王さまは言うことを聞かれないのはがまんできないでしょう。絶対君主だったのですから。けれども、王さまはとても親切だったものですから、道理にかなった命令しか出しませんでした。

『もし仮にわしが将軍に海鳥になれと命じたとして ── と王さまは言ったものです ── そして、もし仮に将軍が命令を実行しないとしたら、それは将軍の罪ではなく、わしの罪じゃ』

абсолю́тный мона́рх 絶対君主. отдава́ть（命令を）与える、出す. разу́мный 道理にかなった. приказа́ние 命令、指図. повеле́ть повелева́ть の完了体. генера́л 将軍. оберну́ться＋造格 〜に化ける. гова́ривать たびたび言う. вы́полнить 実行する.

— Мо́жно мне сесть? — ро́бко спроси́л Ма́ленький принц.

— Повелева́ю: сядь! — отвеча́л коро́ль и вели́чественно подобра́л одну́ полу́ свое́й горноста́евой ма́нтии.

Но Ма́ленький принц недоумева́л. Плане́тка така́я кро́хотная. Где же тут ца́рствовать?

— Ва́ше вели́чество, — на́чал он, — мо́жно вас спроси́ть...

— Повелева́ю: спра́шивай! — поспе́шно сказа́л коро́ль.

— Ва́ше вели́чество... где же ва́ше короле́вство?

— Везде́, — про́сто отве́тил коро́ль.

— Везде́?

Коро́ль повёл руко́ю, скро́мно ука́зывая на свою́ плане́ту, а та́кже и на други́е плане́ты, и на звёзды.

— И всё э́то ва́ше? — переспроси́л Ма́ленький принц.

— Да, — отвеча́л коро́ль.

И́бо он был пои́стине полновла́стный мона́рх и не знал никаки́х преде́лов и ограниче́ний.

— И звёзды вам повину́ются? — спроси́л Ма́ленький принц.

— Ну коне́чно, — отвеча́л коро́ль. — Звёзды повину́ются мгнове́нно. Я не терплю́ непослуша́ния.

Ма́ленький принц был восхищён. Вот бы ему́ тако́е могу́щество! Он бы тогда́ любова́лся зака́том не со́рок четы́ре ра́за в день, а се́мьдесят два, а то и сто, и две́сти раз, и при э́том ему́ да́же не приходи́лось бы передвига́ть стул с ме́ста на ме́сто! Тут он сно́ва загрусти́л, вспомина́я свою́ поки́нутую плане́ту, и, набра́вшись хра́брости, попроси́л короля́:

— Мне хоте́лось бы погляде́ть на захо́д со́лнца... Пожа́луйста, сде́лайте ми́лость, повели́те со́лнцу закати́ться...

ро́бко おずおずと. сядь<сесть（すわる）の命令形. вели́чественно 堂々と. подобра́ть まくる、たくし上げる. пола́ すそ. недоумева́ть 理解に苦しむ、まごつく. кро́хотный ごく小さな. ца́рствовать 統治する. ва́ше вели́чество 陛下. короле́вство 王国. про́сто 簡単に. повести́ + 造格 ちょっと動かす. скро́мно 控えめに. ука́зывать на + 対格 〜を指し示す（ука́зывая は副動詞）. звезда́ 星（複数形 звёзды）. поспе́шно 大急ぎで. переспроси́ть 問い直す. и́бо なぜなら〜だから. пои́стине まことに. полновла́стный 最高権力を有する.

「すわってもいいですか？」と星の王子さまがおずおずとたずねました。
「命令じゃ、すわれ！」王さまはそう答えながら、白てんのマントの一方のすそをもったいぶってたくし上げました。
　けれども星の王子さまはとまどいました。星はこんなに小さいのに。いったいここのどこを治めるというのだろう？
「陛下」と王子さまは始めました。「質問してもよろしいでしょうか…」
「命令じゃ、質問せよ！」と王さまは急いで言いました。
「陛下… 陛下の王国はいったいどこにあるのでしょうか？」
「いたるところじゃ」と王さまはそっけなく答えました。
「いたるところ？」
　王さまは手を動かして、控えめに自分の星を指差し、それからほかの惑星と、さらに恒星を指しました。
「これも全部陛下のものなのですか？」と星の王子さまは聞き返しました。
「さよう」と王さまは答えました。
　なぜなら王さまはまことに絶対的な君主であって、いかなる境界も制限も知らなかったのですから。
「恒星も王さまに従うのですか？」と星の王子さまはたずねました。
「もちろんだとも」と王さまは答えました。「恒星はたちまちのうちにいうことを聞く。わしは、いうことを聞かぬのは、がまんがならぬからな」
　星の王子さまはうっとりとしてしまいました。そんな力があったらどうでしょう！　そうしたら王子さまは日の入りを1日に44回ではなく、72回か、そうでなければ100回でも200回でもながめるでしょうし、そのときには椅子を場所から場所に動かす必要もないのですから！　すると王子さまは、あとにしてきた自分の星のことを思いだして、また悲しくなってしまったので、勇気を奮い起こして王さまにこう頼みました。
「ぼく、日の入りが見たいのですが… どうか、お願いでございます、太陽に沈むようにお命じになってください…」

никако́й 〜 どんな〜もない. преде́л 境界. ограниче́ние 制限. мгнове́нно 一瞬にして、たちまちに. непослуша́ние いうことを聞かないこと、不従順. восхищённый 感嘆した、うっとりとした. Вот бы 〜があればいいのに. могу́щество 力. любова́ться+造格 〜に見とれる. зака́т 日の入り、日没. передвига́ть 移す. загрусти́ть 憂いに沈む、悲しくなる. поки́нутый＜поки́нуть（置き去りにする）の被動形動詞過去. набра́вшись хра́брости 勇気を奮い起こして. сде́лайте ми́лость どうぞお願いいたします. закати́ться（太陽が）沈む.

— Если я прикажу какому-нибудь генералу порхать бабочкой с цветка на цветок, или сочинить трагедию, или обернуться морской чайкой и генерал не выполнит приказа, кто будет в этом виноват — он или я?

— Вы, ваше величество, — ни минуты не колеблясь, ответил Маленький принц.

— Совершенно верно, — подтвердил король. — С каждого надо спрашивать то, что он может дать. Власть прежде всего должна быть разумной. Если ты повелишь своему народу броситься в море, он устроит революцию. Я имею право требовать послушания, потому что веления мои разумны.

— А как же заход солнца? — напомнил Маленький принц: раз о чём-нибудь спросив, он уже не отступался, пока не получал ответа.

— Будет тебе и заход солнца. Я потребую, чтобы солнце зашло. Но сперва дождусь благоприятных условий, ибо в этом и состоит мудрость правителя.

— А когда условия будут благоприятные? — осведомился Маленький принц.

— Гм, гм, — ответил король, листая толстый календарь. — Это будет... гм, гм... сегодня это будет в семь часов сорок минут вечера. И тогда ты увидишь, как точно исполнится моё повеление.

Маленький принц зевнул. Жаль, что тут не поглядишь на заход солнца, когда хочется! И, по правде говоря, ему уже стало скучновато.

— Мне пора, — сказал он королю. — Больше мне здесь нечего делать.

— Останься! — сказал король: он был очень горд тем, что у него нашёлся подданный, и не хотел с ним расставаться. — Останься, я назначу тебя министром.

приказать 命令する. порхать бабочкой 蝶のように舞う (бабочкой は様態を表す造格). с цветка на цветок 花から花へ. сочинить трагедию 悲劇を書く. ни минуты не 少しの間も〜せずに. колеблясь＜колебаться（動揺する）の副動詞. совершенно верно まったくその通り. подтвердить 確認する、裏付ける. спрашивать с＋生格 〜から求める、請求する. власть 権力. прежде всего 何よりも先に、まず第一に. броситься 飛び込む. устроить революцию 革命を起こす. иметь право 権利を有する. веление 命令、指図. напомнить 思いださせる、催促する. раз いったん〜したからには. отступаться あきらめる、断念する. пока не 〜するまでは. потребовать, чтобы 〜することを要求する. зайти（太陽などが）沈む.

- 64 -

「もしもわしがだれか将軍に、花から花へ蝶のように舞えとか、悲劇を書けとか、海鳥に化けよとか命じて、将軍が命令を果たさないとしたら、この場合いけないのはどちらかね、将軍か、それともわしか？」

「陛下、あなたのほうです」と星の王子さまは少しも迷わずに答えました。

「まったくその通りじゃ」と王さまはうなずきました。「だれにせよ、その人が出せるものを求めねばならぬ。権力は、まず第一に、道理にかなったものでなければならぬ。もし自らの民に海に飛び込めと命じたら、人民は革命を起こすであろう。わしが服従を要求する権利を有しておるのは、わしの命令が道理にかなっておるからなのじゃ」

「それで日の入りはどうなのですか？」星の王子さまが催促しました。いったん何かの質問をすると、星の王子さまは答えを受け取るまで、もはやあきらめることはありませんでした。

「日の入りは訪れようぞ。太陽が沈むようわしが求めよう。だが、まず好条件を待つのじゃ、そこにこそ支配者の英知があるのだからな」

「いつ条件がよくなるのですか」と星の王子さまがたずねました。

「ふむ、ふむ」王さまは分厚いカレンダーをめくりながら答えました。「ええと… ふむ、ふむ… 今日は晩の7時40分じゃな。そのときになったら、わしの命令がきちんと遂行されるところが見られるぞ」

星の王子さまはあくびをしました。残念ながら、好きなときにその場で日の入りを見られるわけではないのです。そして実を言うと、もう何だか退屈になったのです。

「もうお暇しなくてはなりません」と星の王子さまは王さまに言いました。「もうここではすることがありませんから」

「残りなさい！」と王さまが言いました。王さまは国民が一人見つかって、とても得意になっていたので、その国民と別れたくなかったのです。「残りなさい、わしがおまえを大臣に任命してやろう」

сперва́ まず. дожда́ться+生格 待ちおおせる. благоприя́тные усло́вия 好条件. состоя́ть в+前置格 ～に存する. му́дрость 知恵、英知. прави́тель 統治者. осве́домиться 照会する. листа́ть (ページを) めくる. испо́лниться 実現する、遂行される. жаль, что… ～は残念だ. по пра́вде говоря́ 実を言うと. скучнова́то やや退屈だ. Мне пора́. もうお暇しなければならない. не́чего де́лать 何もすることがない. оста́нься <оста́ться (残る、とどまる) の命令形. найти́сь 見つかる (過去形 нашёлся, нашла́сь, нашло́сь, нашли́сь). расстава́ться с+造格 ～と別れる. назна́чить+対格+造格 ～を…に任命する. мини́стр 大臣.

-65-

— Министром чего?

— Ну... юстиции.

— Но ведь здесь некого судить!

— Как знать, — возразил король. — Я ещё не осмотрел всего моего королевства. Я очень стар, для кареты у меня нет места, а ходить пешком так утомительно.

Маленький принц наклонился и ещё раз заглянул на другую сторону планеты.

— Но я уже посмотрел! — воскликнул он. — Там тоже никого нет.

— Тогда суди сам себя, — сказал король. — Это самое трудное. Себя судить куда труднее, чем других. Если ты сумеешь правильно судить себя, значит, ты поистине мудр.

— Сам себя я могу судить где угодно, — сказал Маленький принц. — Для этого мне незачем оставаться у вас.

— Гм, гм... — сказал король. — Мне кажется, где-то на моей планете живёт старая крыса. Я слышу, как она скребётся по ночам. Ты мог бы судить эту старую крысу. Время от времени приговаривай её к смертной казни. От тебя будет зависеть её жизнь. Но потом каждый раз надо будет её помиловать. Надо беречь старую крысу: она ведь у нас одна.

— Не люблю я выносить смертные приговоры, — сказал Маленький принц. — И вообще мне пора.

— Нет, не пора, — возразил король.

Маленький принц уже совсем собрался в дорогу, но ему не хотелось огорчать старого монарха.

— Если вашему величеству угодно, чтобы ваши повеления беспрекословно исполнялись, — сказал он, — вы могли бы сейчас отдать благоразумное

юстиция 裁判、司法機関. некого судить 裁くべき人がいない. как знать いかに知るべきか、よく分からない. осмотреть 見物する. королевство 王国. карета 箱馬車. ходить пешком 徒歩で行く. утомительно うんざりだ. наклониться 身をかがめる. заглянуть のぞく. куда (比較級とともに) はるかに、ずっと. суметь できる. поистине まことに. где угодно どこでも. незачем 理由がない. крыса クマネズミ. скрестись ひっかいて音をたてる (скребусь, скребёшься...скребутся).

- 66 -

「何の大臣ですか？」

「うむ… 法務大臣じゃ」

「でも、ここには裁判すべき人はいないじゃありませんか！」

「どうじゃろう」と王さまは反対しました。「わしはまだ王国全体を見回っていないのじゃ。わしは大変な年寄りだが、ここには馬車のための場所はなし、歩いてまわるのはひどくくたびれるからなあ」

星の王子さまは腰をかがめて、もう一度星の反対側をのぞきこみました。

「でも、ぼくはもう見てしまいましたよ！」と王子さまは大声を上げました。「むこうにもだれもいませんよ」

「ならば自分で自分を裁くんじゃな」と王さまは言いました。「それが一番むずかしい。自分を裁くことは、他人を裁くより、はるかにむずかしい。もしおまえが自分自身を正しく裁くことができたら、それはつまり、おまえが本当の賢者だということなのじゃな」

「自分で自分を裁くことは、どこでも好きなところでできます」と星の王子さまは言いました。「そのためなら、ぼくが王さまのところに残る理由はありません」

「ふむ、ふむ…」と王さまは言いました。「わしの星のどこかに年寄りのネズミが住んでおるようなのじゃ。夜ごと、かりかりと音が聞こえるんじゃよ。その年寄りのネズミの裁判をしてもいいかも知れんな。ときどき死刑の宣告をだすのじゃ。ネズミの命はおまえさんしだいじゃ。だが、そのつど恩赦を出さなくてはいけない。年寄りのネズミはだいじにせんとな。ここにはそれ一匹じゃからな」

「ぼくは死刑の判決を下すのは好きではありません」と星の王子さまは言いました。「とにかくお暇します」

「いや、まだいいじゃろう」と王さまは反対しました。

星の王子さまはもうすっかり旅の支度ができていましたが、年とった君主を悲しませるのはいやでした。

「もし陛下にとって、陛下のご命令が完全に遂行されるのが好都合だというのでしたら」と王子さまは言いました。「すぐにしごくもっともなご命令を出すこともおできになります。たとえば、ぼくに、一刻も早く旅立つようお命じになること

по ноча́м 夜ごと．вре́мя от вре́мени ときおり．пригова́ривать к сме́ртной ка́зни 死刑を宣告する．зави́сеть от + 生格 〜に依存する，〜しだいである．поми́ловать 恩赦を与える．бере́чь 大事にする．выноси́ть пригово́р 判決を下す．и вообще́ 要するに，とにかく．собра́ться в доро́гу 旅支度をする．огорча́ть 悲しませる．беспрекосло́вно 絶対的に，文句なしに．могли́ бы 〜 〜できるでしょうに．отда́ть приказа́ние 命令を出す．благоразу́мный 思慮深い．

приказа́ние. Наприме́р, повели́те мне пусти́ться в путь, не ме́шкая ни мину́ты... Мне ка́жется, усло́вия для э́того са́мые что ни на есть благоприя́тные.

Коро́ль не отвеча́л, и Ма́ленький принц немно́го поме́длил в нереши́мости, пото́м вздохну́л и отпра́вился в путь.

— Назнача́ю тебя́ посло́м! — поспе́шно кри́кнул вдого́нку ему́ коро́ль.

И вид у него́ при э́том был тако́й, то́чно он не потерпе́л бы никаки́х возраже́ний.

«Стра́нный наро́д э́ти взро́слые», — сказа́л себе́ Ма́ленький принц, продолжа́я путь.

XI CD10

На второ́й плане́те жил честолю́бец.

— О, вот и почита́тель яви́лся! — воскли́кнул он, ещё и́здали зави́дев Ма́ленького при́нца.

Ведь тщесла́вные лю́ди вообража́ют, что все и́ми восхища́ются.

— До́брый день, — сказа́л Ма́ленький принц. — Кака́я у вас заба́вная шля́па.

— Э́то чтобы раскла́ниваться, — объясни́л честолю́бец. — Чтобы раскла́ниваться, когда́ меня́ приве́тствуют. К несча́стью, сюда́ никто́ не загля́дывает.

— Вот как? — промо́лвил Ма́ленький принц: он ничего́ не по́нял.

— Похло́пай-ка в ладо́ши, — сказа́л ему́ честолю́бец.

Ма́ленький принц захло́пал в ладо́ши. Честолю́бец приподня́л шля́пу и скро́мно раскла́нялся.

наприме́р たとえば. пусти́ться в путь 旅立つ. ме́шкать ぐずぐずする. что ни на есть 最高に、一番. благоприя́тный 好都合の. поме́длить 手間取る. в нереши́мости 決めかねて. вздохну́ть（一回）ため息をつく. отпра́виться в путь 旅立つ. посо́л 大使. поспе́шно 大急ぎで. кри́кнуть 叫ぶ. вдого́нку 追いかけて. тако́й, то́чно он не потерпе́л бы никаки́х возраже́ний いかなる反対も受け付けぬというような. честолю́бец 野心家、功名心の強い人. Вот и これでようやく、とうとう.

もできるわけです… この場合、とびきり好都合な条件だと思うのですが」
　王さまが答えようとしないので、星の王子さまはどうしたものかと、ちょっととまどいましたが、ため息を一つついて、旅に出ました。
　「おまえを大使に任命するぞ！」と王さまが大急ぎでうしろから叫びました。
　そして、このときの王さまの表情は、いかなる反対も受け付けぬぞと言っているみたいでした。
　『こういうおとなの人たちというのは不思議な人たちだなあ』星の王子さまは旅を続けながら、そうひとり言を言いました。

　　XI
　二つ目の星には英雄気取りの男が住んでいました。
　「おや、ようやく尊敬してくれる人が現れましたな！」と、まだ遠くから星の王子さまに目をとめて、その男は大声で叫びました。
　それというのも、見栄っ張りな人たちは、だれもが自分たちに見とれているように思い込んでいるものなのです。
　「こんにちは」と星の王子さまは言いました。「何ともおもしろい帽子をかぶっていらっしゃいますね」
　「これはお辞儀をするためのものなのだ」と英雄気取りの男は説明しました。「わたしが歓迎を受けたときに、お辞儀をするためのね。だが残念なことに、ここにはだれも立ち寄らない」
　「それはまあ」と星の王子さまは口に出しました。わけがわからなかったのです。
　「拍手をしてくれんかね」と英雄気取りの男は王子さまに言いました。
　星の王子さまは拍手を始めました。英雄気取りの男は帽子をひょいと持ち上げると、ちょっとばかりお辞儀をしました。

почитáтель 崇拝者. и́здали 遠くから. завúдев＜завúдеть（遠くから見つける）の副動詞. тщеслáвный 虚栄心の強い、見栄っ張りの. восхищáться＋造格 〜にうっとりする. забáвный おかしい、おもしろい. расклáниваться お辞儀をする. привéтствовать 歓迎する. заглядывать 立ち寄る. Вот как? それはまあ. промо́лвить 口にする. похло́пать в ладо́ши 拍手する. -ка 命令形につけて語調をやわらげる助詞. приподнять ちょっと持ち上げる. скро́мно 控えめに.

«Здесь веселе́е, чем у ста́рого короля́», — поду́мал Ма́ленький принц. И опя́ть стал хло́пать в ладо́ши. А честолю́бец опя́ть стал раскла́ниваться, снима́я шля́пу.

Так мину́т пять подря́д повторя́лось одно́ и то же, и Ма́ленькому при́нцу э́то наску́чило.

— А что на́до сде́лать, что́бы шля́па упа́ла? — спроси́л он.

Но честолю́бец не слы́шал. Тщесла́вные лю́ди глухи́ ко всему́, кро́ме похва́л.

— Ты и пра́вда мой восто́рженный почита́тель? — спроси́л Ма́ленького при́нца.

— А как э́то — почита́ть?

— Почита́ть — зна́чит признава́ть, что на э́той плане́те я всех краси́вее, всех наря́днее, всех бога́че и всех умне́й.

— Да ведь на твое́й плане́те бо́льше и нет никого́!

веселе́е, чем 〜より楽しい. снима́я шля́пу 帽子を脱ぎながら. мину́т пять 5分ばかり (пять мину́т の語順をかえると「およそ」の意味になる). подря́д 続けざまに. повторя́ться 繰り返される. одно́ и то же 同じこと. наску́чить 退屈させる、うんざりさせる. что́бы шля́па упа́ла 帽子をおろさせるために.

『ここは年寄りの王さまのところより楽しいな』と星の王子さまは思いました。そして、また拍手を始めました。すると英雄気取りの男はまた帽子を脱ぎながら、お辞儀を始めました。

　こうして同じことが続けて5分ばかりも繰り返され、星の王子さまはそれにはすっかりうんざりしてしまいました。

　「帽子を頭に置いてもらうためには、どうしなければならないのですか？」と王子さまはたずねました。

　けれども英雄気取りの男には聞こえませんでした。見栄っ張りな人たちは、おほめの言葉以外には耳を貸さないのです。

　「きみはまちがいなく熱狂的なファンなのかね？」と男は星の王子さまに聞きました。

　「そのファンというのは、どういうことですか？」

　「ファンというのは、つまり、この星では、わたしが一番かっこよくて、立派で、お金持ちで、頭がいいと思うことだよ」

　「でも、おじさんの星には、おじさんのほか、もうだれもいませんよ！」

глухóй к＋与格　〜に耳を貸さない．крóме＋生格　〜を除いて．похвалá　称賛．прáвда　ほんとうに．востóрженный　熱狂的な．почитáть　崇拝する．признавáть　認める、承認する．всех красѝвее　だれよりも美しい（всех は比較級のあとの生格）．нарядный　着飾った．богáче＜богáтый の比較級．умнéй＝умнéе．

-71-

— Ну, доста́вь мне удово́льствие, всё равно́ восхища́йся мно́ю!

— Я восхища́юсь, — сказа́л Ма́ленький принц, слегка́ пожа́в плеча́ми, — но кака́я тебе́ от э́того ра́дость?

И он сбежа́л от честолю́бца.

«Пра́во же, взро́слые — о́чень стра́нные лю́ди», — то́лько и поду́мал он, пуска́ясь в путь.

(CD10 ここまで)

XII CD11

На сле́дующей плане́те жил пья́ница. Ма́ленький принц про́был у него́ совсе́м недо́лго, но ста́ло ему́ по́сле э́того о́чень неве́село. Когда́ он яви́лся на э́ту плане́ту, пья́ница мо́лча сиде́л и смотре́л на по́лчища буты́лок — пусты́х и по́лных.

доста́вь＜доста́вить（与える、もたらす）の命令形. удово́льсивие 満足. всё равно́ とにかく、いずれにせよ. слегка́ 軽く、かすかに. пожа́в＜пожа́ть（плеча́ми）（肩をすくめる）の副動詞. сбежа́ть 逃げだす. пра́во же まったく、ほんとうに.

「まあ、わたしを喜ばしておくれよ、とにかくわたしに感心しておくれ！」

「ぼく、感心してますよ」と、ちょっと肩をすくめて、星の王子さまは言いました。「でもそんなことで何がうれしいのですか？」

そうして王子さまは英雄気取りの男のところから逃げ出しました。

『まったく、おとなというのは、ほんとうに変な人たちだなあ』旅立ちながら、王子さまはそう思っただけでした。

XII

次の星に住んでいたのはお酒飲みでした。星の王子さまはそこにほんの少しいただけでしたが、そのあと王子さまはひどく気が重くなりました。王子さまがその星に現れたとき、お酒飲みはだまってすわったまま、空っぽになったのや、まだいっぱい入ったびんの行列を見ていました。

то́лько и ～ ただ～だけ．пья́ница 酒飲み．пробы́ть（ある場所にある期間）いる．недо́лго 少しのあいだ．невесело 悲しい、憂うつだ．мо́лча 黙って、ものも言わずに．по́лчище 大群．буты́лка びん．пусто́й 空の．по́лный いっぱい入った．

— Что это ты делаешь? — спросил Маленький принц.

— Пью, — мрачно ответил пьяница.

— Зачем?

— Чтобы забыть.

— О чём забыть? — спросил Маленький принц, ему стало жаль пьяницу.

— Хочу забыть, что мне совестно, — признался пьяница и повесил голову.

— Отчего же тебе совестно? — спросил Маленький принц. Ему очень хотелось помочь бедняге.

— Совестно пить! — объяснил пьяница, и больше от него нельзя было добиться ни слова.

И Маленький принц отправился дальше, растерянный и недоумевающий.

«Да, право же, взрослые очень, очень странный народ», — думал он, продолжая путь.

(CD 11 ここまで)

XIII

Четвёртая планета принадлежала деловому человеку. Он был так занят, что при появлении Маленького принца даже головы не поднял.

— Добрый день, — сказал ему Маленький принц. — Ваша сигарета погасла.

— Три да два — пять. Пять да семь — двенадцать. Двенадцать да три — пятнадцать. Добрый день. Пятнадцать да семь — двадцать два. Двадцать два да шесть — двадцать восемь. Некогда спичкой чиркнуть. Двадцать шесть да пять — тридцать один. Уф! Итого, стало быть, пятьсот один миллион шестьсот двадцать две тысячи семьсот тридцать один.

пить 飲む（пью, пьёшь...пьют）. мрачно 暗く、陰気に. забыть 忘れる. жаль＋対格 〜がかわいそうだ、気の毒だ. совестно 恥ずかしい、気がとがめる. признаться 自白する、認める. повесить голову うなだれる、しょげる. отчего なぜ、どうして. 与格＋хотеться＋不定形 …には〜したい気がする. помочь＋与格 〜を助ける. бедняга かわいそうな人、不幸な人. объяснить 説明する. больше нельзя もう〜できない. добиться＋生格 〜を得る. отправиться 出かける. растерянный 途方に暮れて.

「何をしているの？」と星の王子さまはたずねました。
「飲んでるんだ」とお酒飲みは悲し気に答えました。
「何のために？」
「忘れるためさ」
「どんなことを忘れるの？」と星の王子さまはたずね、お酒飲みが気の毒になりました。
「自分が恥ずかしいのを忘れたいのさ」とお酒飲みは打ち明け、うなだれました。
「いったいどういうわけで、おじさんは恥ずかしいの？」と星の王子さまはたずねました。王子さまはこの気の毒な人をとても助けたいと思ったのでした。
「お酒を飲むのが恥ずかしいのさ！」とお酒飲みは説明し、もうそれ以上はひと言も引きだせませんでした。
そして星の王子さまは、理解できぬまま、途方にくれて、その先へ旅たちました。
『そう、まちがいなく、おとなはほんとうに、ほんとうにおかしな人たちだ』王子さまは旅を続けながら、そう思いました。

XⅢ

四番目の星は仕事男の星でした。その人はあんまり忙しかったものですから、星の王子さまが現れても、顔も上げないほどでした。
「こんにちは」と星の王子さまはその人に言いました。「おタバコが消えていますよ」
「3たす2は5。5たす7は12。12たす3は15。こんにちは。15たす7は22。22たす6は28。マッチをするひまがないんだよ。26たす5は31。やれやれ！というわけで、しめて、5億162万2千731」

недоумева́ющий 理解できずに. пра́во же まちがいなく. продолжа́я путь 旅を続けながら. принадлежа́ть＋与格 〜に属する、〜の所有である. делово́й 事務の、実務の. при появле́нии 出現の際に. сигаре́та シガレット、タバコ. пога́снуть 消える（過去形 пога́с, пога́сла...）. да たす、プラス. не́когда＋不定形 〜する時間・暇がない. чи́ркнуть спи́чкой マッチをしゅっとする. уф ああ、やれやれ. ито́го［発音は -vó］総計で、しめて. ста́ло быть したがって.

— Пятьсо́т миллио́нов чего́?

— А? Ты ещё здесь? Пятьсо́т миллио́нов... Уж не зна́ю чего́... У меня́ сто́лько рабо́ты! Я челове́к серьёзный, мне не до болтовни́! Два да пять — семь...

— Пятьсо́т миллио́нов чего́? — повтори́л Ма́ленький принц: спроси́в о чём-нибудь, он не отступа́лся, пока́ не получа́л отве́та.

Делово́й челове́к по́днял го́лову.

— Уже́ пятьдеся́т четы́ре го́да я живу́ на э́той плане́те, и за всё вре́мя мне меша́ли то́лько три ра́за. В пе́рвый раз, два́дцать два го́да тому́ наза́д, ко мне

сто́лько これほどたくさんの. не до + 生格 〜どころではない：Мне не до шу́ток. 私は冗談など言ってられない. повтори́ть 繰り返す. спроси́в о чём-нибудь 何かの質問をしてしまうと.

「何が５億なの？」

「え？　おまえ、まだここにいたのか。５億の…　何だったかわからなくなったな…　わたしは仕事がこんなにあるものだからなあ！　わたしは重要な人間だからね、むだ話なんかしていられないのだ！　２たす５は７…」

「何が５億なの？」星の王子さまは繰り返しました。王子さまは何かを質問すると答えをもらうまであきらめませんでした。

仕事男が顔を上げました。

「わたしはこの星に、もう54年住んでいるが、そのあいだに、わたしがじゃまされたのは、たったの３回だ。最初は22年前に、わたしのところに、どこからと

отступа́ться　あきらめる．пока́ не　〜するまで．меша́ть＋与格　〜のじゃまをする．три ра́за　３回．в пе́рвый раз　最初は、１回目は．два́дцать два го́да тому́ наза́д　22年前に．

откуда-то залетел майский жук. Он поднял ужасный шум, и я тогда сделал четыре ошибки в сложении. Во второй раз, одиннадцать лет тому назад, у меня был приступ ревматизма. От сидячего образа жизни. Мне разгуливать некогда. Я человек серьёзный. Третий раз... вот он! Итак, стало быть, пятьсот миллионов...

— Миллионов чего?

Деловой человек понял, что надо ответить, а то не будет ему покоя.

— Пятьсот миллионов этих маленьких штучек, которые иногда видны в воздухе.

— Это что же, мухи?

— Да нет же, такие маленькие, блестящие.

— Пчёлы?

— Да нет же. Такие маленькие, золотые, всякий лентяй как посмотрит на них, так и размечтается. А я человек серьёзный. Мне мечтать некогда.

— А, звёзды?

— Вот-вот. Звёзды.

— Пятьсот миллионов звёзд? И что же ты с ними со всеми делаешь?

— Пятьсот один миллион шестьсот двадцать две тысячи семьсот тридцать одна. Я человек серьёзный, я люблю точность.

— Что же ты делаешь со всеми этими звёздами?

— Что делаю?

— Да.

— Ничего не делаю. Я ими владею.

— Владеешь звёздами?

— Да.

— Но я уже видел короля, который...

— Короли ничем не владеют. Они только царствуют. Это совсем не одно и то же.

— А для чего тебе владеть звёздами?

откуда-то どこからともなく. залететь 飛び込んでくる. майский жук コガネムシ. шум 騒音. ошибка 間違い. сложение 足し算 (＜сложить (加える)). во второй раз 2回目は. приступ 発作. ревматизм リューマチ. сидячий образ жизни すわってばかりいる生活. разгуливать ぶらぶら散歩する、歩き回る. некогда+不定形 ～する時間・暇がない. а то не будет ему покоя さもないと彼に平安は来ない. штучка もの、やつ.

もなくコガネムシが飛び込んできたことがあった。恐ろしい騒音を立ておったものだから、わたしはそのとき足し算で四つの間違いをしでかしてしまった。2回目は、11年前に、リューマチの発作が起こったときだ。すわってばかりいる暮らしのせいさ。わたしにはぶらぶら散歩をしている暇なんかないのさ。わたしは重要な人間だからね。3回目が… ほうら、この子だ！ とういうわけでつまり5億…」

「何が5億なの？」

仕事男は、答えなくてはいけない、さもないと平安は訪れそうもない、ということがわかりました。

「5億の、あの小さいやつさ、ときどき空中に見えるあれさ」

「何、それ、ハエのこと？」

「ちがうちがう、きらきら輝く、こんな小さいやつさ」

「ミツバチ？」

「ちがうちがう。こんな小さくて、金色で、どんな怠け者も、それを見ると、夢を見るようになる、あれだよ。わたしは重要な人間だからね。空想している暇などないがね」

「ああ、星のこと？」

「それそれ。星だ」

「5億の星？ それで、その星を全部どうするの？」

「5億162万2千731だ。わたしは重要な人間だからね、正確なのが好きなんだよ」

「じゃあ、その星を全部つかって、いったい何をするの？」

「何をするというのか？」

「うん」

「何もしないさ。わたしはそれらを所有しているのだ」

「星を所有しているの？」

「そう」

「でも、ぼく、もう王さまに会いましたけど、その王さまが…」

「王さまたちは何も所有はしていないのだ。あの人たちは治めているだけだ。それはぜんぜん同じことではないのだ」

「でも何のためにおじさんは星を所有しなければいけないの？」

во́здух 空気、空中. му́ха ハエ. блестя́щий 光り輝く（＜блесте́ть（光る））. пчела́ ミツバチ（複数形 пчёлы）. золото́й 金の、金色の. лентя́й 怠け者. как 〜, так и … 〜も…も. размечта́ться 空想にふける. вот-во́т まさにそれ、それそれ. то́чность 正確さ. владе́ть＋造格 〜を所有する. ниче́м＜ничто́ の造格. ца́рствовать 統治する. одно́ и то же 同じこと.

— Чтоб быть богатым.

— А для чего быть богатым?

— Чтобы покупать ещё новые звёзды, если их кто-нибудь откроет.

«Он рассуждает почти как тот пьяница», — подумал Маленький принц.

И стал спрашивать дальше:

— А как можно владеть звёздами?

— Звёзды чьи? — ворчливо спросил делец.

— Не знаю. Ничьи.

— Значит, мои, потому что я первый до этого додумался.

— И этого довольно?

— Ну конечно. Если ты найдёшь алмаз, у которого нет хозяина, значит, он твой. Если ты найдёшь остров, у которого нет хозяина, он твой. Если тебе первому придёт в голову какая-нибудь идея, ты берёшь на неё патент: она твоя. Я владею звёздами, потому что до меня никто не догадался ими завладеть.

— Вот это верно, — сказал Маленький принц. — А что же ты с ними делаешь?

— Распоряжаюсь ими, — ответил делец. — Считаю их и пересчитываю. Это очень трудно. Но я человек серьёзный.

Однако Маленькому принцу этого было мало.

— Если у меня есть шёлковый платок, я могу повязать его вокруг шеи и унести с собой, — сказал он. — Если у меня есть цветок, я могу его сорвать и унести с собой. А ты ведь не можешь забрать звёзды!

— Нет, но я могу положить их в банк.

— Как это?

богатый 金持ちの. покупать 買う. открыть 発見する (открою, откроешь...откроют). рассуждать 考察する. стать＋不定形 〜し始める. дальше さらに、それ以上. ворчливо ぶつぶつと、不平がましく. делец 事業家. ничей だれのものでもない. первый 一番先に（形容詞）. додуматься до＋生格 〜を考えつく、思いつく. довольно＋生格 〜で十分だ. найти 見つける (найду, найдёшь...найдут). алмаз ダイヤモンド. хозяин 持ち主. остров 島. прийти в голову 頭に浮かぶ

「お金持ちになるためさ」
「じゃ、何のためにお金持ちになるの？」
「だれかが新しい星を見つけたときに、もっと星を買うためさ」
『あのお酒飲みみたいな考え方をするんだな』と星の王子さまは思いました。そしてさらに質問を始めました。
「じゃ、どうやったら星を所有することができるの？」
「星はだれのものだい？」と仕事屋はぶつぶつたずねました。
「知らない。だれのものでもないよ」
「ということは、わたしのものということさ。なぜなら、わたしが最初にそれを思いついたのだからね」
「それだけでいいの？」
「もちろんだとも。持ち主のないダイヤモンドを見つけたとしたら、そのダイヤモンドはきみのものだろ。持ち主のない島を見つけたら、それはきみのものだ。もし何かのアイディアが最初に頭に浮かんだとしたら、その特許をとる。それできみのものだ。わたしの前には、星を手に入れようなどと思いついたものはだれもいなかったのだから、星はわたしの所有ということなのだ」
「ほんとだなあ」と星の王子さまは言いました。「それで、その星を、おじさんはいったいどうするの？」
「管理するのだ」と仕事屋は言いました。「数えて、そしてまた数えなおす。これはとても骨が折れる。だが、わたしはきちんとした人間だからね」
けれども星の王子さまには、その答えでは十分ではありませんでした。
「もしもぼくが絹のハンカチをもっていたら、ぼくはそれを首のまわりに巻いて、もっていけるよね」と王子さまは言いました。「もしもぼくに花があったら、それを摘み取ってもっていけるよね。でも、星は連れては行けないでしょ！」
「それはできないが、銀行に預けることはできるのだよ」
「どうやって？」

идея 考え、アイディア. брать патéнт на + 対格 ～の特許をとる. до меня わたしより前には. догадáться 気づく、思いつく. завладéть + 造格 ～を占有する. вéрно 正しい、その通り. распоряжáться + 造格 ～を管理する. считáть 数える. пересчитáть 数えなおす. мáло + 生格 ～では足りない. шёлковый 絹の. платóк ハンカチ、ショール. повязáть 巻いて結ぶ. шéя 首. унестú 持ち去る. с собóй 身に着けて. сорвáть 摘む. забрáть 持って行く、連れて行く. положúть в банк 銀行に預ける.

— А так: пишу́ на бума́жке, ско́лько у меня́ звёзд. Пото́м кладу́ э́ту бума́жку в я́щик и запира́ю его́ на ключ.

— И всё?

— Э́того дово́льно.

«Заба́вно! — поду́мал Ма́ленький принц. — И да́же поэти́чно. Но не так уж э́то серьёзно».

Что серьёзно, а что не серьёзно — э́то Ма́ленький принц понима́л по-сво́ему, совсе́м не так, как взро́слые.

— У меня́ есть цвето́к, — сказа́л он, — и я ка́ждое у́тро его́ полива́ю. У меня́ есть три вулка́на, я ка́ждую неде́лю их прочища́ю. Все три прочища́ю, и поту́хший то́же. Ма́ло ли что мо́жет случи́ться. И мои́м вулка́нам, и моему́ цветку́ поле́зно, что я и́ми владе́ю. А звёздам от тебя́ нет никако́й по́льзы...

Делово́й челове́к откры́л бы́ло рот, но так и не нашёлся, что отве́тить, и Ма́ленький принц отпра́вился да́льше.

«Нет, взро́слые и пра́вда порази́тельный наро́д», — простоду́шно говори́л он себе́, продолжа́я путь.

XIV 📀12

Пя́тая плане́та была́ о́чень заня́тная. Она́ оказа́лась ме́ньше всех. На ней то́лько и помеща́лось, что фона́рь да фона́рщик. Ма́ленький принц ника́к не мог поня́ть, для чего́ на кро́хотной, затеря́вшейся в не́бе плане́тке, где нет ни домо́в, ни жи́телей, нужны́ фона́рь и фона́рщик. Но он поду́мал:

«Мо́жет быть, э́тот челове́к и неле́п. Но он не так неле́п, как коро́ль, честолю́бец, деле́ц и пья́ница. В его́ рабо́те всё-таки есть смысл. Когда́ он зажига́ет свой фона́рь — как бу́дто рожда́ется ещё одна́ звезда́ и́ли цвето́к.

бума́жка 紙切れ．класть　положи́ть の不完了体（кладу́, кладёшь...кладу́т）．я́щик　箱．запира́ть на ключ　鍵をかける．заба́вно　おもしろい、こっけいな．поэти́чно　詩的だ．по-сво́ему　自分の思うように、自分流に．не так, как взро́слые　おとなたちとは違うように．полива́ть　水をかける．прочища́ть　内部を掃除する．поту́хший вулка́н　死（休）火山．Ма́ло ли что мо́жет случи́ться．いろいろなことが起こりうる．何が起こるかわからない．поле́зно, что　〜は役に立つ、ためになる．нет никако́й по́льзы　いかなる利益もない．

「こうさ。紙にわたしがもっている星の数を書く。それから、その紙を箱に入れて、箱に鍵をかけるんだ」

「それだけ？」

「それで十分」

『面白いものだなあ！』と星の王子さまは思いました。『詩的といってもいいくらいだ。でも、そんなことは、それほどだいじじゃないや』

何がだいじで、何がだいじでないか ── それについて星の王子さまには自分なりの理解の仕方があって、それはおとなたちとはまるっきり違うのでした。

「ぼくには花があるんだ」と王子さまは言いました。「それで、ぼくはその花に毎朝水をかけてあげる。ぼくには火山が三つあって、ぼくは毎週火山の煙突掃除をする。三つ全部、死火山も掃除するんだよ。何が起こるかわからないからね。ぼくの火山にとっても、花にとっても、ぼくが持ち主だということが役に立っている。でも星にとっては、おじさんから役に立つことは何もないよ…」

仕事男は口を開きかけましたが、結局答えが見つからず、星の王子さまはその先へ旅立ってしまいました。

『いやはや、おとなというのは、本当にびっくりするような人たちなんだなあ』王子さまは旅を続けながら、無邪気にそうひとり言を言いました。

XIV

五番目の星はとてもおもしろい星でした。その星は一番小さいことがわかりました。星に置けるものといっては街灯と点灯夫だけでした。家もなければ住人もいない、空のかなたに忘れ去られた、ちっぽけな星で、何のために街灯と点灯夫が必要なのか、星の王子さまはさっぱり理解できませんでした。けれども王子さまは考えました。

『きっと、この人はすごくおかしな人なんだ。でも、王さまや、英雄気取りや、仕事屋や、お酒飲みみたいにおかしいわけじゃない。この人の仕事には、とにかく意味があるもの。あの人が街灯に火をつければ、星や花がもう一つ生まれでるようなものだものね。

откры́л бы́ло рот　口を開けかけた（бы́ло はいったん開始されたが中断されたことを示す助詞）. так и не　結局〜でない. найти́сь　見つかる. порази́тельный　驚くべき. заня́тный　おもしろい. ме́ньше всех　一番小さい. то́лько и 〜 что …　〜なのは…だけ. помеща́ться　収まる. фона́рь　電灯、街灯. фона́рщик　点灯夫. кро́хотный　ちっぽけな. затеря́вшийся <затеря́ться　忘れられた. жи́тель　住人. неле́пый　ばかげた、変な. смысл　意味. зажига́ть　火をつける. как бу́дто　まるで〜のように. рожда́ться　生まれる.

А когда́ он га́сит фона́рь — как бу́дто звезда́ и́ли цвето́к засыпа́ют. Прекра́сное заня́тие. Э́то по-настоя́щему поле́зно, потому́ что краси́во».

И, поравня́вшись с э́той плане́ткой, он почти́тельно поклони́лся фона́рщику.

— До́брый день, — сказа́л он, — Почему́ ты сейча́с погаси́л свой фона́рь?

— Тако́й угово́р, — отве́тил фона́рщик. — До́брый день.

— А что э́то за угово́р?

— Гаси́ть фона́рь. До́брый ве́чер.

И он сно́ва засвети́л фона́рь.

— А заче́м же ты опя́ть его́ зажёг?

гаси́ть 消す．засыпа́ть 寝入る．по-настоя́щему 本格的に．поравня́ться с + 造格 〜と肩を並べる (поравня́вшись は副動詞)．почти́тельно うやうやしく．поклони́ться おじぎをする．

あの人が街灯を消すと、星や花が眠りにつくみたい。すばらしい仕事だなあ。きれいだから、これはもう本当に役に立つよ』
　そして、その星に並ぶと、王子さまは点灯夫にうやうやしくおじぎをしました。
「こんにちは」と王子さまは言いました。「どうして街灯を消してしまったの？」
「そういう取り決めなのさ」と点灯夫は答えました。「こんにちは」
「それはどんな取り決めなの？」
「街灯を消すという取り決めさ。こんばんは」
　そして男はまた街灯に火をともしました。
「いったい何のためにまた火をつけたの？」

погаси́ть　гаси́ть の完了体．угово́р　協定、申し合わせ．что за＋主格？　どんな…？
сно́ва　また．засвети́ть　火をともす．заже́чь　火をつける（過去形 зажёг, зажгла́）．

— Такóй уговóр, — повторúл фонáрщик.

— Не понимáю, — признáлся Мáленький принц.

— И понимáть нéчего, — сказáл фонáрщик. — Уговóр есть уговóр. Дóбрый день.

И погасúл фонáрь.

Потóм крáсным клéтчатым платкóм утёр пот со лба и сказáл:

— Тя́жкое у меня́ ремеслó. Когдá-то это имéло смысл. Я гасúл фонáрь по утрáм, а вéчером опя́ть зажигáл. У меня́ оставáлся день, чтóбы отдохнýть, и ночь, чтóбы вы́спаться...

— А потóм уговóр переменúлся?

— Уговóр не меня́лся, — сказáл фонáрщик. — В тóм-то и бедá! Моя́ планéта год от гóду вращáется всё быстрéе, а уговóр остаётся прéжний.

— И как же тепéрь? — спросúл Мáленький принц.

— Да вот так. Планéта дéлает пóлный оборóт за однý минýту, и у меня́ нет ни секýнды переды́шки. Кáждую минýту я гашý фонáрь и опя́ть его зажигáю.

— Вот забáвно! Знáчит, у тебя́ день длúтся всегó однý минýту!

— Ничегó тут нет забáвного, — возразúл фонáрщик. — Мы с тобóй разговáриваем ужé цéлый мéсяц.

— Цéлый мéсяц?!

— Ну да. Трúдцать минýт. Трúдцать дней. Дóбрый вéчер!

И он опя́ть засветúл фонáрь.

Мáленький принц смотрéл на фонáрщика, и емý всё бóльше нрáвился этот человéк, котóрый был так вéрен своемý слóву. Мáленький принц вспóмнил, как он когдá-то переставля́л стул с мéста на мéсто, чтóбы лúшний раз поглядéть на закáт. И емý захотéлось помóчь дрýгу.

(CD12 ここまで)

признáться 白状する. нéчего+不定形 〜すべきものは何もない、〜する必要はない. клéтчатый チェックの、格子じまの. утерéть ぬぐう (過去形 утёр, утёрла). пот 汗. со лба ひたいから (лба は лоб の生格). тя́жкий 困難な、骨の折れる. ремеслó 職、仕事. когдá-то かつて. оставáться 残る. отдохнýть 休息する. вы́спаться 十分眠る. переменúться 変わる. меня́ться 変化する. В тóм-то и бедá! まさにそこが困った点だ. год от гóду 年ごとに. вращáться 回転する. прéжний 以前の.

-86-

「そういう取り決めなのさ」と点灯夫は繰り返しました。
「わからないな」と星の王子さまは打ち明けました。
「わかる必要なんかないのさ」と点灯夫は言いました。「取り決めは取り決め。こんにちは」
そうして街灯を消しました。
それから赤いチェックのハンカチでひたいの汗をぬぐうと言いました。
「わたしの仕事は骨が折れるよ。昔は意味のある仕事だったんだがね。朝ごとに街灯を消して、夕方になるとまた火をつけたんだ。それでもひと休みするための昼があり、ぐっすり眠るための夜があったものさ…」
「それから取り決めが変わってしまったの？」
「取り決めは変わっちゃいない」と点灯夫は言いました。「それこそが困ったところなのさ！　わたしの星は年ごとにますます回転が速くなっているのに、取り決めはもとのままなんだ」
「それで今はどうなってるの？」と星の王子さまはたずねました。
「この通りさ。星は1分間で丸々1回転するものだから、わたしにはひと息つくひまもないわけなんだ。1分ごとに街灯を消しては、また火をつけるのさ」
「それはおもしろいなあ！　つまり、おじさんのところでは1日の長さはたったの1分なんだね！」
「おもしろいことなど何もないさ」と点灯夫は異議を唱えました。「わたしときみとは、もう丸1か月も、おしゃべりをしているんだよ」
「丸1か月も?!」
「いかにもそうさ。30分だ。30日だよ。こんばんは！」
そして、おじさんはまた街灯に火をつけました。
星の王子さまは点灯夫を見ていましたが、こんなにも自分の約束に忠実なこの人物が、ますます好きになってきました。星の王子さまは、またもう一度日の入りを見ようと、場所から場所へと椅子を移していたころのことを思いだしました。そしてこの友だちを助けてあげたくなりました。

де́лать оборо́т　一回転する．за одну́ мину́ту　1分で．переды́шка　息継ぎ、中休み．ка́ждую мину́ту　毎分、1分ごとに．гашу́ < гаси́ть（消す）．дли́ться　長引く、続く．всего́　〜しか、〜だけ．мы с тобо́й　わたしとあなた．всё бо́льше　ますます．ве́рный＋与格　〜に忠実な．сло́во　約束．вспо́мнить　思い出す．переставля́ть　別の場所に移す．с ме́ста на ме́сто　ある場所からある場所へ．ли́шний　余分の．ли́шний раз　さらにもう一度．зака́т　日の入り．захоте́ться＋不定形　〜したくなる．помо́чь＋与格　〜を助ける．

— Послу́шай, — сказа́л он фона́рщику. — Я зна́ю сре́дство: ты мо́жешь отдыха́ть, когда́ то́лько захо́чешь...

— Мне всё вре́мя хо́чется отдыха́ть, — сказа́л фона́рщик.

Ведь мо́жно быть ве́рным сло́ву и всё-таки лени́вым.

— Твоя́ плане́тка така́я кро́хотная, — продолжа́л Ма́ленький принц, — ты мо́жешь обойти́ её в три шага́. И про́сто ну́жно идти́ с тако́й ско́ростью, что́бы всё вре́мя остава́ться на со́лнце. Когда́ захо́чется отдохну́ть, ты про́сто всё иди́, иди́... и день бу́дет тяну́ться сто́лько вре́мени, ско́лько ты пожела́ешь.

— Ну, от э́того мне ма́ло то́лку, — сказа́л фона́рщик. — Бо́льше всего́ на све́те я люблю́ спать.

— Тогда́ пло́хо твоё де́ло, — посочу́вствовал Ма́ленький принц.

— Пло́хо моё де́ло, — подтверди́л фона́рщик. — До́брый день.

И погаси́л фона́рь.

«Вот челове́к, — сказа́л себе́ Ма́ленький принц, продолжа́я путь, — вот челове́к, кото́рого все ста́ли бы презира́ть — и коро́ль, и честолю́бец, и пья́ница, и деле́ц. А ме́жду тем из них всех то́лько он оди́н, по-мо́ему, не смешо́н. Мо́жет быть, потому́, что он ду́мает не то́лько о себе́».

Ма́ленький принц вздохну́л.

«Вот бы с кем подружи́ться, — поду́мал он ещё. — Но его́ плане́тка уж о́чень кро́хотная. Там нет ме́ста для двои́х...»

Он не смел призна́ться себе́ в том, что бо́льше всего́ жале́ет об э́той чуде́сной плане́тке ещё по одно́й причи́не: за два́дцать четы́ре часа́ на ней мо́жно любова́ться зака́том ты́сячу четы́реста со́рок раз!

сре́дство 手段、方法. захоте́ть 〜したくなる. всё вре́мя 絶えず、いつも. лени́вый 怠惰な、ものぐさな. кро́хотный ごく小さな. обойти́ (くまなく) 歩いてまわる. в три шага́ 3歩で. с тако́й ско́ростью, что́бы 〜のような速さで. остава́ться на со́лнце ひなたにとどまる. тяну́ться のびる. сто́лько 〜, ско́лько ты пожела́ешь あなたが望むだけの〜. толк 得、効用 (то́лку は生格). бо́льше всего́ на све́те この世で一番. посочу́вствовать 同情する. подтверди́ть 確認する、裏付ける.

「ねえ、聞いて」と王子さまは点灯夫に言いました。「ぼく、休みたくなったらすぐに休むことのできる方法を知ってるよ…」
「わたしは、いつだって休みたいと思っているよ」と点灯夫は言いました。
約束に忠実であって、それでいて、やはりものぐさなこともありうるのです。
「おじさんの星はこんなにちっぽけだからね」と星の王子さまは続けました。「この星は3歩でひと回りできるよ。だから、いつでもひなたにいられるような速さで歩いてるだけでいいんだよ。ひと休みしたくなったら、ずっとずっと歩いていけばいいんだ… そうすれば1日はおじさんの望みどおりの長さになる」
「だが、それでは、あまり役に立たないなあ」と点灯夫は言いました。「わたしがこの世で一番好きなのは眠ることなのさ」
「それじゃ困りましたね」と星の王子さまは同情しました。
「困ったよ」と点灯夫は繰り返しました。「こんにちは」
そして街灯を消しました。
『あの人は —— と旅を続けながら星の王子さまは心のなかで思いました —— 王さまからも、英雄気取りからも、お酒飲みからも、仕事屋からも、みんなから軽蔑されそうな人だ。でもじっさいには、みんなの中で、おかしくないのは、ぼくの考えでは、あの人ひとりだけなんだ。もしかしたら、それは、あの人が自分のこと以外のことも考えているせいなのかもしれない』
星の王子さまはため息をつきました。
『あの人となら仲よしになりたいなあ』と、さらに王子さまは考えました。『でも、あの人の星はとてもちっぽけだからなあ。あそこには、とてもふたり分の場所なんてないものなあ…』
このすばらしい星のことが一番残念だったのにはもうひとつ理由があることを、星の王子さまは思い切って自分に認める気にはなれませんでした。それは、この星でなら、24時間のあいだに1440回も日の入りを見ることができるということだったのです！

стáли бы ～し始めるだろうに（仮定法）．презирáть 軽蔑する．мéжду тем ところが実際には．по-мóему わたしの考えでは．смешнóй こっけいな、笑うべき（短語尾形 смешóн, смешнá）．вздохнýть ため息をつく．Вот бы с кем まさにあの人となら（бы は願望を表す）．подружи́ться с＋造格 ～と仲よくなる．двóе ふたり（двои́х は生格）．сметь ＋不定形 あえて～する．жалéть о＋前置格 ～を残念がる．причи́на 原因、理由．любовáться＋造格 ～にみとれる、嘆賞する．

XV 🎧13

Шеста́я плане́та была́ в де́сять раз бо́льше предыду́щей. На ней жил стари́к, кото́рый писа́л толсте́нные кни́ги.

— Смотри́те-ка! Вот при́был путеше́ственник! — воскли́кнул он, заме́тив Ма́ленького при́нца.

Ма́ленький принц сел на стол, что́бы отдыша́ться. Он уже́ сто́лько стра́нствовал!

— Отку́да ты? — спроси́л стари́к.

— Что э́то за огро́мная кни́га? — спроси́л Ма́ленький принц. — Что вы здесь де́лаете?

— Я гео́граф, — отве́тил стари́к.

— А что тако́е гео́граф?

— Э́то учёный, кото́рый зна́ет, где нахо́дятся моря́, ре́ки, города́, го́ры и пусты́ни.

(🎧13 ここまで)

в де́сять раз　10倍.　предыду́щий　前の、先行する（предыду́щей は предыду́щая (пла́нета) の生格）.　толсте́нный　分厚い.　-ка　命令形につけて命令の調子をやわらげる.　прибы́ть　到着する.　путеше́ственник　旅人、旅行家.　заме́тить　認める、気づく（заме́тив は副動詞）.

XV

　六つ目の星は前の星の 10 倍も大きい星でした。そこには分厚い本を書いている老人が住んでいました。
　「ほうら、ごらん！　旅人のご到着だ！」星の王子さまを認めると、老人は大声を上げました。
　星の王子さまは息を整えるために、机の上に腰を下ろしました。王子さまはもうそんなにもたくさん旅をしてきたのでした！
　「どこから来たのだね？」と老人は王子さまに聞きました。
　「そのばかでかい本は何の本ですか？」と星の王子さまはたずねました。「おじいさんはここで何をしていらっしゃるのですか？」
　「わたしは地理学者じゃ」と老人は答えました。
　「地理学者というのは何ですか？」
　「それはじゃ、海や川や町や山や砂漠がどこにあるかを知っている学者のことじゃよ」

сесть すわる（過去形 сел, се́ла）．отдыша́ться 呼吸が正常に戻る．стра́нствовать 遍歴する．огро́мный 巨大な．геогра́ф 地理学者．учёный 学者．мо́ре 海（複 моря́）．река́ 川（複 ре́ки）．го́род 都市、町（複 города́）．гора́ 山（複 го́ры）．

— Как интере́сно! — сказа́л Ма́ленький принц. — Вот э́то настоя́щее де́ло!
И он оки́нул взгля́дом плане́ту гео́графа. Никогда́ ещё он не вида́л тако́й
вели́чественной плане́ты!

— Ва́ша плане́та о́чень краси́вая, — сказа́л он. — А океа́ны у вас есть?

— Э́того я не зна́ю, — сказа́л гео́граф.

— О-о... — разочаро́ванно протяну́л Ма́ленький принц. — А го́ры есть?

— Не зна́ю, — сказа́л гео́граф.

— А города́, ре́ки, пусты́ни?

— И э́того я то́же не зна́ю.

— Но ведь вы гео́граф!

— Вот и́менно, — сказа́л стари́к. — Я гео́граф, а не путеше́ственник. Мне ужа́сно не хвата́ет путеше́ственников. Ведь не гео́графы веду́т счёт города́м, река́м, гора́м, моря́м, океа́нам и пусты́ням. Гео́граф — сли́шком ва́жное лицо́, ему́ не́когда разгу́ливать. Он не выхо́дит из своего́ кабине́та. Но он принима́ет у себя́ путеше́ственников и запи́сывает их расска́зы. И е́сли кто-нибудь из них расска́жет что́-нибудь интере́сное, гео́граф наво́дит спра́вки и проверя́ет, поря́дочный ли челове́к э́тот путеше́ственник.

— А заче́м?

— Да ведь е́сли путеше́ственник ста́нет врать, в уче́бниках геогра́фии всё перепу́тается. И е́сли он выпива́ет ли́шнее — то́же беда́.

— А почему́?

оки́нуть взгля́дом + 対格 ～を見渡す、ながめまわす. никогда́ не 一度も～ない. вида́ть 見る、経験する. вели́чественный 壮大な、雄大な. океа́н 海洋、外洋. разочаро́ванно がっかりして、失望して. протяну́ть 音を引き伸ばす. Вот и́менно. まさにその通り. ужа́сно ものすごく. не хвата́ет + 生格 ～が足りない. вести́ счёт + 与格 ～を計算する、数える. сли́шком あまりに、非常に. лицо́ 人物. не́когда + 不定形 ～するひまがない.

「おもしろそうだなあ！」と星の王子さまは言いました。「まさにこれこそ仕事といえる仕事ですね！」
　そして王子さまは地理学者の星をぐるっと見渡しました。これほど立派な星は、まだ一度も見たことがありませんでした！
　「先生の星はとてもきれいですねえ」と王子さまは言いました。「ここには大海原はありますか？」
　「そんなことは知らん」と地理学者は言いました。
　「まあぁ…」星の王子さまはがっかりして口がふさがりませんでした。「では、山はありますか？」
　「知らん」と地理学者は言いました。
　「じゃ、町や、川や、砂漠は？」
　「そういうことも、やはり、知らん」
　「でも、先生は地理学者じゃありませんか！」
　「まさに、その通りなのじゃよ」と老人は言いました。「わしは地理学者であって、旅行家ではないのじゃ。わしのところには旅行家がおそろしく不足しているのだよ。町や、川や、海や、大海原や、砂漠を数えるのは、地理学者ではないのだ。地理学者というのは極めて重要な人間だから、散歩などしているひまはないのじゃ。彼は自分の書斎から一歩も出ることはない。しかしじゃ、自分の部屋で旅行家たちと面会し、その話を書きとめるんだよ。そして、もしも、そのうちのだれかがおもしろいことを話したら、地理学者は調査をして、その旅行家がきちんとした人かどうかをチェックするのだよ」
　「何のためにですか？」
　「だって、もし旅人がうそをつき始めたとしたら、地理の教科書はみんなめちゃくちゃになってしまうからね。それに、もしも旅人が飲みすぎていたりすると、それも災難じゃよ」
　「どうしてですか？」

разгу́ливать　散歩してまわる．кабине́т　書斎．принима́ть　応接する、面会する．у себя́　自分のところで．запи́сывать　書きとめる．расска́з　話、物語．рассказа́ть　話す、物語る．наводи́ть спра́вки　調査をする、問い合わせをする．проверя́ть　点検する、チェックする．поря́дочный　ちゃんとした、まともな．врать　うそをつく．уче́бник　教科書．геогра́фия　地理学．перепу́таться　こんがらかる．выпива́ть ли́шнее　飲みすぎる．

— Потому́ что у пья́ниц двои́тся в глаза́х. И там, где на са́мом де́ле одна́ гора́, геогра́ф отме́тит две.
— Я знал одного́ челове́ка... из него́ вы́шел бы плохо́й путеше́ственник, — сказа́л Ма́ленький принц.
— О́чень возмо́жно. Так вот, е́сли ока́жется, что путеше́ственник — челове́к поря́дочный, тогда́ проверя́ют его́ откры́тие.
— Как проверя́ют? Иду́т и смо́трят?
— Ну нет. Э́то сли́шком сло́жно. Про́сто тре́бует, что́бы путеше́ственник предста́вил доказа́тельства. Наприме́р, е́сли он откры́л большу́ю го́ру, пуска́й принесёт с неё больши́е ка́мни.
Гео́граф вдруг разволнова́лся:
— Но ты ведь и сам путеше́ственник! Ты яви́лся издалека́! Расскажи́ мне о свое́й плане́те!
И он раскры́л то́лстенную кни́гу и очини́л каранда́ш. Расска́зы путеше́ственников снача́ла запи́сывают карандашо́м. И то́лько по́сле того́ как путеше́ственник предста́вит доказа́тельства, мо́жно записа́ть его́ расска́з черни́лами.
— Слу́шаю тебя́, — сказа́л гео́граф.
— Ну, у меня́ там не так уж интере́сно, — промо́лвил Ма́ленький принц. — У меня́ всё о́чень ма́ленькое. Есть три вулка́на. Два де́йствуют, а оди́н давно́ поту́х. Но ма́ло ли что мо́жет случи́ться...
— Да, всё мо́жет случи́ться, — подтверди́л гео́граф.
— Пото́м, у меня́ есть цвето́к.
— Цветы́ мы не отмеча́ем, — сказа́л гео́граф.
— Почему́?! Э́то ведь са́мое краси́вое!

двои́ться 二重になる. отме́тить しるしをつける. Из него́ вы́шел бы 〜. その人からは〜が生まれ出たことだろうに. так вот というわけで. сло́жно 複雑だ、ややこしい. тре́бовать, что́бы + 過去形 〜することを要求する. предста́вить 提出する. доказа́тельство 証拠. пуска́й 〜させよ (= пусть).

「酒飲みの目には、ものが二重に見えるからなのだよ。そうなると、ほんとうは山が一つのところに、地理学者は二つしるしをつけることになってしまう」

「ぼく、ある人を知っていたんですが… その人だったら、危険な旅行家になったかもしれません」と星の王子さまは言いました。

「おおいにありうることなのだよ。というわけでな、旅行家がきちんとした人だということがわかったら、そのときは、旅行家の発見したことを調べるのじゃ」

「どうやって調べるのですか？ 歩いていって見てみるのですか？」

「とんでもない。それでは手間がかかりすぎる。旅行家が証拠を提出すれば、それだけでいいのじゃ。たとえば、旅人が大きな山を発見したとすれば、そこから大きな岩をもってこさせるわけだよ」

地理学者はとつぜん鼻息を荒くしました。

「だが、きみ自身も旅行家じゃないか！ 遠くからやって来たのじゃろう！ さあ、きみの星について話して聞かせなさい！」

そして地理学者は分厚い本を開くと、鉛筆をけずりました。旅行家たちの話はまず鉛筆で書きとめられるのです。そして旅行家たちが証拠を提出して始めて、その話はインクで書いてもよいことになります。

「さあ、話してくれ」と地理学者は言いました。

「ぼくのところは、そんなにおもしろくありませんよ」と星の王子さまはポツリと言いました。「ぼくのところは何もかもとても小さいのです。火山が三つあります。二つは活火山で、一つはずっと前に消えてしまいました。でも、何が起こるか、わかりませんからね…」

「そう、どんなことでも起こりうるな」と地理学者はうなずきました。

「それから、花があります」

「花は記入しないのじゃ」と地理学者が言いました。

「どうしてですか?! だって一番きれいなものですよ！」

разволнова́ться ひどく興奮する. раскры́ть 開く. очини́ть とがらせる、けずる. по́сле того́ как 〜のあとに. черни́ла インク (複数形で使う名詞). промо́лвить 口に出す. де́йствовать 活動する. поту́хнуть 消える (過去形 поту́х, поту́хла). подтверди́ть 確認する. отмеча́ть しるしをつける、書きとめる.

— Потому́ что цветы́ эфеме́рны.

— Как э́то — эфеме́рны?

— Кни́ги по геогра́фии — са́мые драгоце́нные кни́ги на све́те, — объясни́л гео́граф. — Они́ никогда́ не устарева́ют. Ведь э́то о́чень ре́дкий слу́чай, что́бы гора́ сдви́нулась с ме́ста. И́ли что́бы океа́н пересо́х. Мы пи́шем о веща́х ве́чных и неизме́нных...

— Но поту́хший вулка́н мо́жет просну́ться, — прерва́л Ма́ленький принц. — А что тако́е «эфеме́рный»?

эфеме́рный はかない、つかのまの. драгоце́нный 高価な、貴重な. объясни́ть 説明する. устарева́ть すたれる、古臭くなる. ре́дкий слу́чай まれなケース. сдви́нуться с ме́ста その場から移動する.

「それというのも、花ははかないものだからな」

「その、『はかない』って、どういうことですか？」

「地理学の本というのは、この世で一番大切な本なのだよ」と地理学者は説明しました。「決して古臭くなったりはしないものさ。だって、山が動いたりすることなど、めったにあることではないからな。あるいは海が干上がってしまうとかね。われわれは永久不変なものについて書いているわけだよ」

「でも休火山も息を吹き返すことがありますよ」と星の王子さまがさえぎりました。「『はかない』って、いったいどういうことなのですか？」

пересо́хнуть 干上がる（過去形 пересо́х, пересо́хла）．ве́чный 永遠の．неизме́нный 不変の．поту́хший вулка́н 死(休)火山．просну́ться 目覚める、活動を始める．прерва́ть さえぎる．

-97-

— Поту́х вулка́н и́ли де́йствует, э́то для нас, геогра́фов, не име́ет значе́ния, — сказа́л гео́граф. — Ва́жно одно́: гора́. Она́ не меня́ется.

— А что тако́е «эфеме́рный»? — спроси́л Ма́ленький принц, ведь, раз зада́в вопро́с, он не отступа́лся, пока́ не получа́л отве́та.

— Э́то зна́чит: тот, что до́лжен ско́ро исче́знуть.

— И мой цвето́к до́лжен ско́ро исче́знуть?

— Разуме́ется.

«Моя́ краса́ и ра́дость недолгове́чна, — сказа́л себе́ Ма́ленький принц, — и ей не́чем защища́ться от ми́ра: у неё то́лько и есть что четы́ре шипа́. А я бро́сил её, и она́ оста́лась на мое́й плане́те совсе́м одна́!»

Это впервы́е он пожале́л о поки́нутом цветке́. Но му́жество то́тчас верну́лось к нему́.

— Куда́ вы посове́туете мне отпра́виться? — спроси́л он гео́графа.

— Посети́ плане́ту Земля́, — отвеча́л гео́граф. — У неё неплоха́я репута́ция...

И Ма́ленький принц пусти́лся в путь, но мы́сли его́ бы́ли о поки́нутом цветке́.

меня́ться 変わる. раз зада́в вопро́с いったん質問を出してしまうと. до́лжен 〜しなければならない、〜するはずの. исче́знуть 消えてなくなる. разуме́ется もちろん、当然. краса́ 美. ра́дость 喜び. недолгове́чный 長続きしない、短命の.

「火山が消えていようが、活動していようが、それは、われわれ地理学者にとっては、どうでもいいことなのじゃ」と地理学者は言いました。「大事なのは一つだけ：それが山だということだ。山は変わらないからな」

「でも『はかない』って、いったいどういうことなんですか？」と星の王子さまはたずねました。いったん質問を出すと答えが手に入るまではあきらめないのですから。

「それは、つまり、すぐに消えてなくなってしまうもののことだ」

「ぼくの花もすぐに消えてなくなってしまうのですか？」

「もちろんだとも」

『ぼくの華やかな美人さんは短命なんだ』と星の王子さまは心に思いました。『それに世間から身を守るものも何もない。あるものといえば４本のとげだけだ。なのに、ぼくは美人さんを見捨ててしまい、美人さんはぼくの星でまるっきり一人ぼっちなんだ！』

王子さまが置き去りにされた花のことをかわいそうに思ったのは、これが初めてでした。けれども、すぐに勇気が戻ってきました。

「どこへ向かったらいいか、教えてください」と王子さまは地理学者にたずねました。

「地球という星に行くといい」と地理学者は答えました。「なかなか評判のいい星だよ…」

こうして星の王子さまは旅に出ましたが、心は置き去りにされた花のことを考えていました。

нéчем защищáться 身を守るものがない. брóсить 見捨てる. пожалéть 哀れむ. покúнутый 見捨てられた. мýжество 勇気. вернýться 戻る. отпрáвиться 出発する. посетúть 訪問する. репутáция 評判. мысль 考え、思考.

XVI

Итáк, седьмáя планéта, котóрую он посети́л, былá Земля́.

Земля́ — планéта не простáя! На ней насчи́тывается сто оди́ннадцать королéй (в том числé, конéчно, и негритя́нских), семь ты́сяч геóграфов, девятьсóт ты́сяч дельцóв, семь с полови́ной миллиóнов пья́ниц, три́ста оди́ннадцать миллиóнов честолю́бцев — итогó óколо двух миллиáрдов взрóслых.

Чтóбы дать вам поня́тие о том, как велика́ Земля́, скажу́ лишь, что, пока́ не изобрели́ электри́чество, на всех шести́ континéнтах приходи́лось держáть цéлую áрмию фонáрщиков — четы́реста шестьдеся́т две ты́сячи пятьсóт оди́ннадцать человéк.

Éсли погляде́ть со стороны́, э́то бы́ло великолéпное зрéлище. Движéния э́той áрмии подчиня́лись точнéйшему ри́тму, совсéм как в балéте.

Пéрвыми выступáли фонáрщики Нóвой Зелáндии и Австрáлии. Засвети́в свои́ огни́, они́ отправля́лись спать. За ни́ми наступáл черёд фонáрщиков Китáя. Испóлнив свой тáнец, они́ тóже скрывáлись за кули́сами. Потóм приходи́л черёд фонáрщиков в Росси́и и в Индии. Потóм — в Áфрике и в Еврóпе. Затéм в Южной Амéрике. Затéм в Сéверной Амéрике. И никогдá они́ не ошибáлись, никтó не выходи́л на сцéну не вóвремя. Да, э́то бы́ло блистáтельно.

Тóлько томý фонáрщику, что дóлжен был зажигáть еди́нственный фонáрь на Сéверном пóлюсе, да ещё его собрáту на Южном пóлюсе — тóлько э́тим двои́м жилóсь легкó и беззабóтно: им приходи́лось занимáться свои́м дéлом всегó два рáза в год.

итáк かくして. насчи́тываться ～の数がある. в том числé その中に含めて. негритя́нский 黒人の. семь с полови́ной миллиóнов 750万. миллиáрд 10億. дать поня́тие о+ 前置格 ～について説明する、わからせる. изобрести́ 発明する（過去形 изобрёл, изобрелá...). электри́чество 電気. континéнт 大陸. приходи́ться+ 不定形 ～せざるをえない. держáть もっている、保持する. áрмия 軍、人の大群. погляде́ть ながめる. со стороны́ 脇から. великолéпный 豪華な、みごとな. зрéлище 光景、見もの. движéние 動き、運動. подчиня́ться+ 与格 ～にしたがう. точнéйший тóчный の最上級. ритм リズム. пéрвыми 最初に、一番先に.

XVI

　そんなわけで、王子さまの訪問した七番目の星は地球でした。
　地球というのは単純な星ではありません！　そこには王さまが111人（その中には、もちろん、黒人の王さまも含まれています）、地理学者が7000人、仕事屋が90万人、お酒飲みが750万人、英雄気取りが3億1100万人、しめて、およそ20億人のおとなたちがいるのです。
　みなさんに、地球がどれほど大きいかをわかっていただくために、これだけ言っておきましょう。電気が発明されるまでは、六大陸全体で、46万2511人という、点灯夫の一大軍団を抱えていなくてはならなかったのです。
　脇からながめると、それはみごとなながめでした。この軍団の動きは、まるでバレエのように、正確この上ないリズムにしたがっているのでした。
　最初に登場するのは、ニュージーランドとオーストラリアの点灯夫たちでした。点灯夫たちは自分たちの街灯に火をともしてしまうと、寝に帰っていきました。そのあとにやって来るのは、中国の点灯夫の番でした。その人たちも自分の踊りを踊ってしまうと、舞台裏に隠れてしまいました。それからロシアとインドの点灯夫の番になりました。それからアフリカとヨーロッパ。そのあとに南アメリカ。そのあとに北アメリカ。そして点灯夫たちは決して間違えませんし、時間を間違えて舞台に出る人もありませんでした。ええ、それはすばらしいものでした。
　ただ、北極にあるたった一つの街灯に火をつけることになっていた点灯夫と、南極のその同僚の二人だけは気楽にのんきに暮らしていました。二人は年に2回しか仕事をする必要がなかったからです。

выступа́ть 登場する. Но́вая Зела́ндия ニュージーランド. Австра́лия オーストラリア. засвети́в<засвети́ть（火をともす）の副動詞. наступа́ть やってくる. черёд 順番. Кита́й 中国. испо́лнив<испо́лнить（演じる）の副動詞. та́нец 踊り. скрыва́ться 隠れる. кули́са（複数形で）舞台裏. И́ндия インド. Ю́жная Аме́рика 南アメリカ. Се́верная Аме́рика 北アメリカ. ошиба́ться 間違える. сце́на 舞台. во́время 時間通りに. блиста́тельно はなやかだ. зажига́ть 火をつける. еди́нственный 唯一の. Се́верный по́люс 北極. да ещё それと. собра́т 同僚.与格+жи́ться 暮らしている. беззабо́тно のんきに.

XVII 📀14

Когда́ о́чень хо́чешь состри́ть, ино́й раз понево́ле приврёшь. Расска́зывая о фона́рщиках, я не́сколько погреши́л про́тив и́стины. Бою́сь, что у тех, кто не зна́ет на́шей плане́ты, сло́жится о ней неве́рное представле́ние. Лю́ди занима́ют на Земле́ не так уж мно́го ме́ста. Е́сли бы два миллиа́рда её жи́телей сошли́сь и ста́ли сплошно́й толпо́й, как на ми́тинге, все они́ без труда́ умести́лись бы на простра́нстве разме́ром два́дцать миль в длину́ и два́дцать в ширину́. Всё челове́чество мо́жно бы соста́вить плечо́м к плечу́ на са́мом ма́леньком островке́ в Ти́хом океа́не.

Взро́слые вам, коне́чно, не пове́рят. Они́ вообража́ют, что занима́ют о́чень мно́го ме́ста. Они́ ка́жутся са́ми себе́ вели́чественными, как баоба́бы. А вы посове́туйте им сде́лать то́чный расчёт. Им э́то понра́вится, они́ ведь обожа́ют ци́фры. Вы же не тра́тьте вре́мя на э́ту арифме́тику. Э́то ни к чему́. Вы и без того́ мне ве́рите.

Ита́к, попа́в на Зе́млю, Ма́ленький принц не уви́дел ни души́ и о́чень удиви́лся. Он поду́мал да́же, что залете́л по оши́бке на каку́ю-нибудь другу́ю плане́ту. Но тут в песке́ шевельну́лось коле́чко цве́та лу́нного луча́.

— До́брый ве́чер, — сказа́л на вся́кий слу́чай Ма́ленький принц.

— До́брый ве́чер, — отве́тила змея́.

— На каку́ю э́то плане́ту я попа́л?

— На Зе́млю, — сказа́ла змея́. — В А́фрику.

— Вот как. А ра́зве на Земле́ нет люде́й?

состри́ть しゃれを言う. ино́й раз ときには. понево́ле やむをえず. приврáть うそをまぜる (приврёшь 二人称単数形が普遍的な意味を表す). погреши́ть про́тив и́стины 真理に背く. боя́ться 恐れる. сложи́ться できあがる、形成される. неве́рный いつわりの. представле́ние 観念、イメージ. занима́ть ме́сто 場所を占める. сойти́сь 集まる (過去形 сошёлся, сошла́сь, сошли́сь). сплошно́й 密集した. без труда́ 容易に. умести́ться 収まる. простра́нство разме́ром два́дцать миль в длину́ и два́дцать в ширину́ 縦20マイル、横20マイルの大きさの空間. соста́вить くっつけて置く. плечо́м к плечу́ 肩をくっつけ合って. острово́к 小島.

X Ⅶ

　おもしろいことを話そう話そうと思っていると、ついつい、うそを言ってしまうことがあります。点灯夫たちの話をしながら、わたしはいくらか真実に背いてしまいました。わたしたちの星を知らない人が間違ったイメージをもってしまいはしないかと心配です。人間は地球上でそれほどたくさんの場所を占めているわけではありません。もし地球の住人の20億人が集まって、集会のように、びっしりかたまったとしたら、縦20マイル、横20マイルの大きさの空間に難なく収まってしまうでしょう。人類全体を、太平洋の一番小さな島に、ぎゅっとくっつけ合わせて置くこともできるでしょう。

　おとなたちは、もちろん、みなさんの言うことを信用しないでしょう。おとなはとてもたくさんの場所を占めていると想像しているのです。おとなには自分たちがバオバブの木のように堂々たるものだと思っているのです。みなさんはおとなたちに正確に計算するようにすすめてください。それはおとなの気に入るでしょう。おとなは数字が大好きですから。でも、みなさんはこんな算数に時間を使わないでください。何にもなりませんから。そんなことをしなくとも、みなさんはわたしの言うことを信じてくれるでしょう。

　そういうわけで、地球にやってきても、星の王子さまは人っ子ひとり目にすることもなく、とても驚きました。間違えてどこか別の星に飛んできてしまったのではないかと思ったほどでした。けれども、そのとき、砂の中で、月光色をした小さな輪がピクリとしました。

　「こんばんは」と、万一の場合に備えて、星の王子さまは言いました。
　「こんばんは」とヘビが答えました。
　「ぼくがやってきたのは何という星ですか？」
　「地球よ」とヘビが言いました。「アフリカ」
　「そうか。じゃ、地球には人はいないのですか？」

Ти́хий океа́н　太平洋．пове́рить＋与格　〜を信用する．воображáть　想像する．Они́ ка́жутся са́ми себе́ 〜．彼らは自分たちには〜のように見える．вели́чественный　壮大な．посове́товать　助言する．расчёт　計算．понрáвиться　気に入る．обожáть　崇拝する．ци́фра　数字．трáтить　費やす．арифме́тика　算数．ни к чему́　無駄だ．и без того́　そうでなくとも．попа́сть на＋対格　〜に行き当たる（попа́в は副動詞）．душá　人ひとり．залете́ть　飛んでくる．по оши́бке　間違えて．шевельну́ться　かすかに動く．коле́чко　小さな輪．цвет лу́нного луча́　月光の色．на вся́кий слу́чай　万一に備えて．Вот как．なるほど．そうですか．

— Это пустыня. В пустынях никто не живёт. Но Земля большая.

Маленький принц сел на камень и поднял глаза к небу.

— Хотел бы я знать, зачем звёзды светятся, — задумчиво сказал он. — Наверно, затем, чтобы рано или поздно каждый мог снова отыскать свою. Смотри, вон моя планета — как раз над нами... Но как до неё далеко!

— Красивая планета, — сказала змея. — А что ты будешь делать здесь, на Земле?

— Я поссорился со своим цветком, — признался Маленький принц.

— А, вот оно что...

И оба умолкли.

сесть すわる (過去形 сел, села). поднять глаза 目をあげる、目を向ける. небо 空. хотел бы + 不定形 〜したいものだ. задумчиво 物思いに沈んで. затем, чтобы 〜するために、〜するように. рано или поздно 遅かれ早かれ. снова また新たに.

「ここは砂漠。砂漠に住んでいる人はいないわ。でも地球は大きいのよ」
　星の王子さまは石の上に腰をおろして、空のほうを見上げました。
「星は何のために光ってるのか、知りたいものだなあ」王子さまは物思いに沈んで言いました。「たぶん、だれもがそのうちにまた自分の星を探しだせるように、ということなんだ。ほら、あそこにあるのがぼくの星なんだよ、ちょうどぼくたちの真上にあるやつ…　でもあそこまでは遠いなあ！」
「きれいな星ね」とヘビは言いました。「あなたはこの地球で何をするの？」
「ぼくは自分の花とけんかをしてしまったんだよ」と星の王子さまは打ち明けました。
「あら、そういうことなの…」
　そしてふたりは黙り込みました。

отыска́ть 探しだす. как раз　ちょうど、ぴったり. поссо́риться 仲たがいする、口げんかをする. призна́ться 告白する. Вот оно́ что. = Вот как.　о́ба　ふたりとも. умо́лкнуть 黙る、沈黙する（過去形 умолк, умо́лкла, умо́лкли）.

— А где же люди? — вновь заговорил наконец Маленький принц. — В пустыне всё-таки одиноко...

— Среди людей тоже одиноко, — заметила змея.

Маленький принц внимательно посмотрел на неё.

— Странное ты существо, — сказал он. — Не толще пальца...

— Но могущества у меня больше, чем в пальце короля, — возразила змея.

Маленький принц улыбнулся:

— Ну, разве ты уж такая могущественная? У тебя даже лап нет. Ты и путешествовать не можешь...

— Я могу унести тебя дальше, чем любой корабль, — сказала змея.

И обвилась вокруг щиколотки Маленького принца, словно золотой браслет.

— Всякого, кого я коснусь, я возвращаю земле, из которой он вышел, — сказала она. — Но ты чист и явился со звезды...

Маленький принц не ответил.

— Мне жаль тебя, — продолжала змея. — Ты так слаб на этой Земле, жёсткой, как гранит. В тот день, когда ты горько пожалеешь о своей покинутой планете, я сумею тебе помочь. Я могу...

— Я прекрасно понял, — сказал Маленький принц. — Но почему ты всё время говоришь загадками?

— Я решаю все загадки, — сказала змея.

И оба умолкли.

(CD14 ここまで)

заговорить 話し始める. одиноко ひとりぼっちだ、さびしい. заметить 指摘する、言う. внимательно 注意深く. странный 奇妙な、変な. существо 生きもの. толще толстый (太い)の比較級. палец 指. могущество 力、威力. возразить 反対する、異議を唱える. улыбнуться ほほえむ、にっこりする. разве ほんとうに〜か. могущественный 威力のある. лапа (動物の)足. унести 運び去る. любой 任意の、どんな. корабль 船.

「人はいったいどこにいるの？」ようやく星の王子さまがまた話し始めました。「砂漠って、それにしても、さびしいところだね…」

「人のなかにいても、やっぱりさびしいわよ」とヘビが言いました。

星の王子さまは注意してヘビを見ました。

「きみは変な生きものだね」と王子さまは言いました。「指みたいな太さだ…」

「でもわたしの力は王さまの指以上よ」とヘビが反論しました。

星の王子さまはほほえみました。

「でも、きみに、ほんとうにそんな力があるの？　足もないじゃないか。旅行もできやしない…」

「わたしはあなたをどんな船より遠くまで連れて行けるわよ」とヘビは言いました。

そして金のブレスレットみたいに、星の王子さまのくるぶしにからみつきました。

「わたしはさわった人をみんな土に返してあげるの、そこから生まれてきた土にね」とヘビは言いました。「でも、あなたは純真だし、星から来たんですものね…」

星の王子さまは答えませんでした。

「わたしはあなたが気の毒だわ」とヘビは続けました。「こんな御影石みたいにかたい地球で、あなたはこんなに弱いんですものね。離れてきた星のことが気になってしかたがなくなる日がきたら、わたしが力になってあげられるわ。わたしが…」

「ようくわかったよ」と星の王子さまは言いました。「でも、きみはどうしていつもなぞなぞみたいなことばかり言うの？」

「わたしはなぞをすべて解くのよ」とヘビは言いました。

そしてふたりとも黙り込みました。

обви́ться　巻きつく. щи́колотка　くるぶし. сло́вно　あたかも. браcле́т　ブレスレット. косну́ться　触れる. возвраща́ть　返す. Мне жаль тебя́.　わたしはあなたが気の毒だ（与格+жаль+対格の形で使う）. сла́бый　弱い. жёсткий　かたい. грани́т　花崗岩、御影石. в тот день, когда́　〜の日に. го́рько　痛ましく. пожале́ть　あわれむ. суме́ть+不定形　〜できる. помо́чь　助ける. прекра́сно　すばらしく. всё вре́мя　いつも、絶えず. зага́дка　なぞ. реша́ть　解く、解決する.

-107-

XVIII 🆑15

Маленький принц пересёк пустыню и никого не встретил. За всё время ему попался только один цветок — крохотный, невзрачный цветок о трёх лепестках.

— Здравствуй, — сказал Маленький принц.
— Здравствуй, — отвечал цветок.
— А где люди? — вежливо спросил Маленький принц.

Цветок видел однажды, как мимо шёл караван.

— Люди? Ах да... Их всего-то, кажется, шесть или семь. Я видел их много лет назад. Но где их искать — неизвестно. Их носит ветром. У них нет корней, это очень неудобно.

— Прощай, — сказал Маленький принц.
— Прощай, — сказал цветок.

(🆑15 ここまで)

пересе́чь 横切る（過去形 пересёк, пересекла́）. попа́сться 出会う. кро́хотный ごく小さい. невзра́чный みすぼらしい. о＋前置格 〜からなる. лепесто́к 花びら. ве́жливо ていねいに、礼儀正しく. одна́жды かつて、一度. ми́мо 通り過ぎて. карава́н 隊商、キャラバン.

XVIII

　星の王子さまは砂漠を横切っていきましたが、だれにも会いませんでした。そのあいだに出くわしたものといえば、花びら3枚の、ちっぽけな、みすぼらしい花がひとつだけでした。

「こんにちは」と星の王子さまは花に言いました。

「こんにちは」と花は答えました。

「人はどこにいますか？」と星の王子さまはていねいにたずねました。

　花は一度キャラバンが通り過ぎるのを見たことがありました。

「人ですって？　ああ、そうそう…　全部で6、7人はいるみたいですね。何年も前に見ましたよ。でも、どこをさがしたらいいのか、わかりませんね。人は風が運んでくるのです。人には根っこがありませんからね、それはとても不便ですよ」

「さようなら」と星の王子さまは言いました。

「さようなら」と花が言いました。

всего́-то 全部で. ка́жется 〜らしい. иска́ть さがす. неизве́стно わからない. Их но́сит ве́тром.（無人称文）人は風に運ばれる.（Ве́тер но́сит их. のように ве́тер を主語にする言い方もある）. ко́рень 根. неудо́бно 不便だ. проща́й さようなら.

-109-

XIX

Маленький принц поднялся на высокую гору. Прежде он никогда не видал гор, кроме своих трёх вулканов, которые были ему по колено. Потухший вулкан служил ему табуретом.

И теперь он подумал: «С такой высокой горы я сразу увижу всю эту планету и всех людей». Но увидел только скалы, острые и тонкие, как иглы.

— Добрый день, — сказал он на всякий случай.

«Добрый день... день... день...» — откликнулось эхо.

— Кто вы? — спросил Маленький принц.

«Кто вы... кто вы... кто вы...» — откликнулось эхо.

— Будем друзьями, я совсем один, — сказал он.

«Один... один... один...» — откликнулось эхо.

«Какая странная планета! — подумал Маленький принц. — Совсем сухая, вся в иглах и солёная. И у людей не хватает воображения. Они только повторяют то, что им скажешь... Дома у меня был цветок, моя краса и радость, и он всегда заговаривал первым».

XX CD16

Долго шёл Маленький принц через пески, скалы и снега и наконец набрёл на дорогу. А все дороги ведут к людям.

— Добрый день, — сказал он.

подняться на гору 山に登る. прежде 以前に. по колено ひざまで. служить＋造格 ～の役目をする. табурет 腰かけ. сразу 一度に. скала 切り立った岩、絶壁（複数形 скалы）. острый 先のとがった. тонкий 薄い、細い. игла 針（複数形 иглы）. откликнуться 応える. эхо こだま.

XX

　星の王子さまは高い山に登りました。王子さまは、王子さまのひざまでしかない三つの火山をのぞくと、これまで山というものを一つも見たことがありませんでした。死火山は王子さまの腰かけがわりでした。

　ですから今、王子さまはこう思いました。『こんなに高い山からなら、この星全体と人間を全部いっぺんに見ることができるだろう』と。けれども見えたのは、針みたいに細くて先のとんがった、切り立った岩ばかりでした。

　「こんにちは」王子さまは万一の場合を考えて言いました。

　『こんにちは… ちは… ちは…』とこだまが応えました。

　「どなたですか？」と星の王子さまはたずねました。

　『どなた… どなた… どなた…』とこだまが応えました。

　「友だちになりましょう、ぼく、一人っきりなんです」と王子さまは言いました。

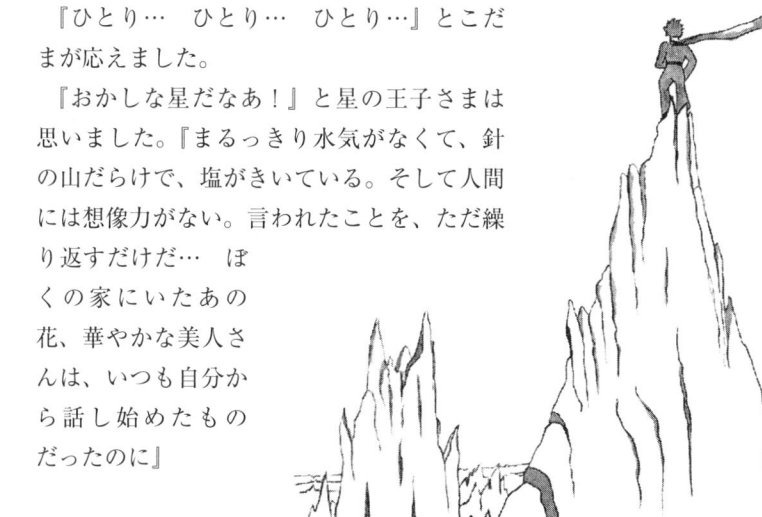

　『ひとり… ひとり… ひとり…』とこだまが応えました。

　『おかしな星だなあ！』と星の王子さまは思いました。『まるっきり水気がなくて、針の山だらけで、塩がきいている。そして人間には想像力がない。言われたことを、ただ繰り返すだけだ… ぼくの家にいたあの花、華やかな美人さんは、いつも自分から話し始めたものだったのに』

XX

　長いこと星の王子さまは歩いてゆき、砂地を越え、岩山を越え、雪野原を越えて、とうとう一本の道に出くわしました。道はすべて人に通じているものです。

　「こんにちは」と王子さまは言いました。

сухо́й 乾いた. солёный 塩の、塩辛い. не хвата́ет＋生格 〜が足りない. воображе́ние 想像力. песо́к 砂、（複数形で）砂地、砂漠. снег 雪（複数形 снега́ は雪の積もった所を表す）. набрести́ на＋対格 〜に出くわす（過去形 набрёл, набрела́, набрело́）. вести́ к＋与格 〜へ通じる、導く.

-111-

Перед ним был сад, полный роз.

— Добрый день, — отозвались розы.

И Маленький принц увидел, что все они похожи на его цветок.

— Кто вы? — спросил он, поражённый.

— Мы — розы, — отвечали розы.

— Вот как... — промолвил Маленький принц.

И почувствовал себя очень-очень несчастным. Его красавица говорила ему, что подобных ей нет во всей Вселенной. И вот перед ним пять тысяч точно таких же цветов в одном только саду!

«Как бы она рассердилась, если бы увидела их! — подумал Маленький принц. — Она бы ужасно раскашлялась и сделала вид, что умирает, лишь бы не показаться смешной. А мне пришлось бы ходить за ней, как за больной, ведь иначе она и вправду бы умерла, лишь бы унизить и меня тоже...»

А потом он подумал: «Я-то воображал, что владею единнственным в мире цветком, какого больше ни у кого и нигде нет, а это была самая обыкновенная роза. Только всего у меня и было что простая роза да три вулкана ростом мне по колено, и то один из них потух, и может быть, навсегда... какой же я после этого принц?..»

Он лёг в траву и заплакал.

(CD)16 ここまで）

сад 庭、庭園. полный + 生格 〜でいっぱいの. отозваться 答える、応答する. увидеть 気づく. похожий на + 対格 〜に似ている. поражённый 驚いて. почувствовать себя + 造格 〜だと感じる、〜な気分である. несчастный 不幸な. красавица 美人. подобный + 与格 〜に似ている. Вселенная 世界. точно まさに、まったく. такой же 同じような. ужасно ものすごく. раскашляться ひどくせき込む. сделать вид, что 〜のふりをする. умирать 死ぬ. лишь бы ただ〜するために. показаться + 造格 〜に見える. смешной こっけいな.

王子さまの前にはバラでいっぱいの庭園がありました。
「こんにちは」とバラの花たちは答えました。
　そうして王子さまは、花たちがみな王子さまの花に似ているのに気づきました。
「きみたちは、だれ？」王子さまはびっくりして、たずねました。
「わたしたちは、バラですよ」とバラたちは答えました。
「そうなのかあ…」と星の王子さまは口にしました。
　そして、とてもとても不幸な気持ちになりました。王子さまの美人さんは、世界中に自分に似たものはいない、と話していました。それがいま王子さまの前には、たった一つの庭園にまったく同じような花が五千もあるのです！
『美人さんがこの花を見たら、どんなにおこるだろうなあ』と星の王子さまは思いました。『もの笑いの種になるのはいやだと、ものすごくせき込んで、死にそうなふりをするだろうな。ぼくは病人のお世話をするように、美人さんのお世話をすることになる、だって、そうでもしないと、美人さんはぼくにも恥ずかしい思いをさせようと、本当に死んでしまうもの…』
　それから王子さまはこう思いました。『ぼくときたら、ほかのだれにも、どこにもない、この世でたった一つの花をもっているつもりでいたのに、それはごくありふれたバラだったんだ。ぼくがもっていたのは、ただ、バラと、ぼくのひざまでしかない火山が三つ、しかも、その一つは火が消えていて、もしかしたら、もう永久に火を噴かないかもしれない… そんなこんなだというのに、いったい王子さまだなんて言えるのだろうか？…』
　王子さまは草の上につっぷして、泣きだしました。

прийти́сь＋不定形　〜しなければならなくなる．ходи́ть за＋造格　〜の世話をする．ина́че самоина́ть．впра́вду　ほんとうに．уни́зить　侮辱する、恥をかかせる．владе́ть＋造格　〜を所有する．цвето́к, како́го бо́льше ни у кого́ и нигде́ нет　もうほかのだれにも、どこにもないような花．обыкнове́нный　普通の、ありふれた．то́лько всего́ и 〜 что　〜は…だけ．ро́стом мне по коле́но　ぼくのひざまでの高さの．и то　しかも．навсегда́　永久に．по́сле э́того　そのあとで．лечь　横たわる（過去形 лёг, легла́）．

-113-

XXI   CD17

Вот ту́т-то и появи́лся Лис.

— Здра́вствуй, — сказа́л он.

— Здра́вствуй, — ве́жливо отве́тил Ма́ленький принц и огляну́лся, но никого́ не уви́дел.

— Я здесь, — послы́шался го́лос. — Под я́блоней...

— Кто ты? — спроси́л Ма́ленький принц. — Како́й ты краси́вый!

— Я — Лис, — сказа́л Лис.

— Поигра́й со мной, — попроси́л Ма́ленький принц. — Мне так гру́стно...

— Не могу́ я с тобо́й игра́ть, — сказа́л Лис. — Я не приручён.

— Ах, извини́, — сказа́л Ма́ленький принц.

Но, поду́мав, спроси́л:

— А как э́то — приручи́ть?

лис 雄のキツネ. огляну́ться 振り返る. послы́шаться 聞こえる. я́блоня りんごの木. гру́стно 悲しい、憂うつだ.

XXI

するとそこへキツネが現れました。

「こんにちは」とキツネが言いました。

「こんにちは」と、ていねいに星の王子さまは答えて振り返りましたが、だれもいませんでした。

「ぼくはここだよ」という声が聞こえました。「りんごの木の下…」

「きみは、だれ？」と星の王子さまはたずねました。「きみはきれいだねえ！」

「ぼくは、キツネ」とキツネは言いました。

「ぼくと遊ぼうよ」と星の王子さまはたのみました。「ぼくはすごく悲しくてね…」

「いっしょに遊ぶなんてだめだ」とキツネは言いました。「なついてないもの」

「ああ、ごめん」と星の王子さまは言いました。

けれども、ちょっと考えてから聞きました。

「その、なつくって、どういうこと？」

приручи́ть 飼い慣らす、なつかせる（приручён は被動形動詞過去 приручённый の短語尾・男性形）.

— Ты не здешний, — заметил Лис. — Что ты здесь ищешь?

— Людей ищу, — сказал Маленький принц. — А как это — приручить?

— У людей есть ружья, и они ходят на охоту. Это очень неудобно! И ещё они разводят кур. Только этим они и хороши. Ты ищешь кур?

— Нет, — сказал Маленький принц. — Я ищу друзей. А как это — приручить?

— Это давно забытое понятие, — объяснил Лис. — Оно означает: создать узы.

— Узы?

здешний　この土地の、ここの．заметить　指摘する．искать　探す（ищу, ищешь... ищут）．ружьё　銃、鉄砲．ходить на охоту　狩りに行く．неудобно　都合が悪い、具合が悪い．разводить　繁殖させる．

「あんた、この土地のものじゃないね」とキツネが言いました。「ここで何を探しているのかい？」

「人間を探しているのさ」と星の王子さまは言いました。「でも、その、なつくって、どういうことなの？」

「人間は鉄砲をもっていて、狩りに出かける。まったく困ったものさ！　それからニワトリを増やしている。人間のとりえはそれだけだな。あんた、ニワトリを探しているのかい？」

「いいや」と星の王子さまは言いました。「ぼくは友だちを探しているんだよ。でも、その、なつくって、どういうこと？」

「それはね、とっくの昔に忘れられた言葉なんだよ」とキツネは説明しました。「それはね、きずなをつくるということさ」

「きずな？」

кýрица　めんどり（複数形 кýры）．забы́тый　忘れられた．поня́тие　概念、観念．объясни́ть　説明する．означа́ть　意味する．созда́ть　作りだす、築く．у́зы　きずな．

- 117 -

— Вот именно, — сказал Лис. — Ты для меня пока всего лишь маленький мальчик, точно такой же, как сто тысяч других мальчиков. И ты мне не нужен. И я тебе тоже не нужен. Я для тебя всего только лисица, точно такая же, как сто тысяч других лисиц. Но если ты меня приручишь, мы станем нужны друг другу. Ты будешь для меня единственный в целом свете. И я буду для тебя один в целом свете...

— Я начинаю понимать, — сказал Маленький принц. — Есть одна роза... наверно, она меня приручила...

— Очень возможно, — согласился Лис. — На Земле чего только не бывает.

— Это было не на Земле, — сказал Маленький принц.

Лис очень удивился:

— На другой планете?

— Да.

— А на той планете есть охотники?

— Нет.

— Как интересно! А куры там есть?

— Нет.

— Нет в мире совершенства! — вздохнул Лис.

Но потом он опять заговорил о том же:

всего лишь ただ〜だけ. точно такой же, как 〜とまったく同じ. всего только＝всего лишь. лисица キツネ. в целом свете 世界全体のなかで. возможно ありうる、可能である. согласиться 同意する、賛成する.

「そうさ」とキツネは言いました。「あんたは、いまのところ、おれにとっては、ほかの十万人もの子どもと少しも変わらない、ただの男の子にすぎないのさ。だからおれには、あんたなんか必要ない。それにあんたにとっても、おれは必要じゃないんだ。おれは、あんたにとっては、ほかの十万ものキツネと少しも変わらない、ただのキツネにすぎないのさ。だがね、もしおれがあんたになつくとすると、おれたちはおたがいに必要な仲になるんだ。あんたはおれにとっては、世界全体のなかで、たった一人の存在になる。そしておれはあんたにとって、世界全体のなかで、たった一人の存在になるわけだ…」

「わかってきたような気がする」と星の王子さまは言いました。「バラが一本あったんだけど…　たぶん、ぼくはあのバラになついてたんだな…」

「おおいにありうるね」とキツネはうなずきました。「地球では、どんなこともあるからなあ」

「地球のことではないんだよ」と星の王子さまは言いました。

キツネはとても驚きました。

「ちがう星のことかい？」

「そう」

「その星にはハンターはいるのかね？」

「いいや」

「それはおもしろい！　それで、ニワトリはいるのかい？」

「いいや」

「世の中には完璧ということはないものだなあ！」キツネはため息をつきました。

けれども、あとになってキツネはまた同じことを話し始めました。

чего́ то́лько не быва́ет　ありとあらゆることが起こる．удиви́ться　驚く．охо́тник　猟師、ハンター．соверше́нство　完全、完璧．вздохну́ть　ため息をつく．

— Ску́чная у меня́ жизнь. Я охо́чусь за ку́рами, а лю́ди охо́тятся за мно́ю. Все ку́ры одина́ковы, и лю́ди все одина́ковы. И живётся мне скучнова́то. Но е́сли ты меня́ приручи́шь, моя́ жизнь сло́вно со́лнцем озари́тся. Твои́ шаги́ я ста́ну различа́ть среди́ ты́сяч други́х. Заслы́шав людски́е шаги́, я всегда́ убега́ю и пря́чусь. Но твоя́ похо́дка позовёт меня́, то́чно му́зыка, и я вы́йду из своего́ убе́жища. И пото́м — смотри́! Ви́дишь, вон там, в поля́х, зре́ет пшени́ца? Я не ем хле́ба. Коло́сья мне не нужны́. Пшени́чные поля́ ни о чём мне не говоря́т. И э́то гру́стно! Но у тебя́ золоты́е во́лосы. И как чуде́сно бу́дет, когда́ ты меня́ приручи́шь! Золота́я пшени́ца ста́нет напомина́ть мне тебя́. И я полюблю́ ше́лест коло́сьев на ветру́...

Лис замолча́л и до́лго смотре́л на Ма́ленького при́нца. Пото́м сказа́л:

— Пожа́луйста... приручи́ меня́!

— Я бы рад, — отвеча́л Ма́ленький принц, — но у меня́ так ма́ло вре́мени. Мне ещё на́до найти́ друзе́й и узна́ть ра́зные ве́щи.

— Узна́ть мо́жно то́лько те ве́щи, кото́рые приручи́шь, — сказа́л Лис. — У люде́й уже́ не хвата́ет вре́мени что-ли́бо узнава́ть. Они́ покупа́ют ве́щи гото́выми в магази́нах. Но ведь нет таки́х магази́нов, где торгова́ли бы друзья́ми, и потому́ лю́ди бо́льше не име́ют друзе́й. Е́сли хо́чешь, что́бы у тебя́ был друг, приручи́ меня́!

ску́чный 退屈な. охо́титься за＋造格 〜の狩りをする. одина́ковый 等しい、同じ. жи́ться 暮らしている. скучнова́то やや退屈に. озари́ться＋造格 〜に照らされる. шаг 歩み、足音. различа́ть 区別する、識別する. заслы́шать 聞きつける. людско́й 人間の. убега́ть 走り去る. пря́таться 隠れる. похо́дка 歩きぶり. позва́ть 呼ぶ. убе́жище 隠れ家. зреть 熟する. пшени́ца 小麦. хлеб 穀物. ко́лос 穂（複数形 коло́сья）.

「おれの暮らしは退屈だ。おれはニワトリを追いかけ、人間はおれを追いかける。ニワトリはみな同じ、人間もみな同じ。それでおれはつまらなく暮らしている。ところが、おれがあんたになつくとすると、おれの暮らしは、まるで太陽に照らされたみたいになるのさ。あんたの足音をおれはほかの何千という足音から聞き分けるようになる。人間の足音を聞きつけると、おれはいつも逃げ出して身を隠すものさ。だが、あんたの足音はまるで音楽みたいにおれを呼んで、おれは隠れ家から出てくることになる。そして、それから、いいかい！ ほら、あそこの畑に小麦が実ってるだろ？ おれは穀物なんて食べないよ。麦の穂なんかに用はない。麦畑はおれに何にも話してくれない。そういうのは憂うつさ！ ところが、あんたの髪の毛は金色だ。おれがあんたになつくとしたら、すごいことが起こるんだ！ 金色の麦がおれにあんたのことを思いださせるのさ。そして、おれは風に揺れる麦の穂の、さらさらいう音が好きになるんだ…」

キツネは黙りこんで、ずっと星の王子さまを見ていました。それからこう言いました。

「たのむよ… おれをなつかせてくれよ！」

「そうできたら、うれしいのにな」と星の王子さまは答えました。「でも、ぼくには時間がほとんどないんだ。まだ友だちを見つけて、いろんなことを知らなくちゃならないんだ」

「知ることができるのは、なついたものだけだよ」とキツネは言いました。「人間たちは、もう何かを知るための時間がなくなっているのさ。人間たちは、店で品物を出来あがった状態で買ってるのさ。でも、友だちを商っているような店はないだろ、だからもう人間たちには友だちがいないのさ。もし友だちがほしいというのなら、おれをなつかせることだよ！」

чудéсно すばらしい、奇跡だ. напоминáть 思いださせる. шéлест さらさら鳴る音. на ветрý 風に吹かれた. замолчáть 黙る、口をつぐむ. Я бы рад(приручи́ть тебя́). (なつかせられたら) うれしいだろうに. найти́ 見つける. узнáть（不完 узнавáть）知る、わかる. не хватáет врéмени 時間が足りない. готóвый 用意のできた、出来あがった. нет такѝх магази́нах, где ～ ～のような店はない. торговáть + 造格 ～を商う.

— А что для э́того на́до де́лать? — спроси́л Ма́ленький принц.

— На́до запасти́сь терпе́ньем, — отве́тил Лис. — Сперва́ сядь вон там, пода́ль, на траву́ — вот так. Я бу́ду на тебя́ и́скоса погля́дывать, а ты молчи́. Слова́ то́лько меша́ют понима́ть друг дру́га. Но с ка́ждым днём сади́сь немно́жко бли́же...

Наза́втра Ма́ленький принц вновь пришёл на то же ме́сто.

— Лу́чше приходи́ всегда́ в оди́н и тот же час, — попроси́л Лис. — Вот, наприме́р, е́сли ты бу́дешь приходи́ть в четы́ре часа́, я уже́ с трёх часо́в почу́вствую себя́ счастли́вым. И чем бли́же к назна́ченному ча́су, тем счастли́вее. В четы́ре часа́ я уже́ начну́ волнова́ться и трево́житься. Я узна́ю це́ну сча́стью! А е́сли ты прихо́дишь вся́кий раз в друго́е вре́мя, я не зна́ю, к како́му ча́су гото́вить своё се́рдце... Ну́жно соблюда́ть обря́ды.

— А что тако́е обря́ды? — спроси́л Ма́ленький принц.

запасти́сь＋造格 〜をたくわえる. терпе́нье(＝терпе́ние) 忍耐、辛抱. сперва́ まず. сядь＜сесть (すわる) の命令形. пода́ль ちょっと離れて. погля́дывать ちらちら見る. молча́ть 黙っている. меша́ть 妨げる. понима́ть друг дру́га 互いに理解する. с ка́ждым днём 日ごとに. немно́жко ちょっと. бли́же より近く. наза́втра あくる日 (比較：на за́втра (明日に)). то же ме́сто 同じ場所. оди́н и тот же час 同じ時刻. почу́вствовать себя́＋造格 〜だと感じる.

－122－

「そのためには、どうすればいいの？」と星の王子さまはたずねました。

「我慢強くなることさ」とキツネは答えました。「まず、ちょっと離れて、あのへんの草の上にすわるんだ、こんなふうにね。おれは、あんたのほうを横目でちらちらと見るが、あんたは黙ってるんだ。言葉はお互いを理解するのにじゃまになるだけさ。でも、一日ごとに、ほんの少しずつ近くにすわるんだよ…」

あくる日、星の王子さまは、また同じ場所にやって来ました。

「いつも同じ時刻に来たほうがいいね」とキツネは注文をつけました。「ほら、たとえばだよ、あんたが４時に来るとすると、おれは、もう３時から幸せを感じ始めるんだ。そして決められた時間が近づくにつれて、ますます幸せになってくる。４時には、おれはもう、どきどきしながら気をもみ始めるのさ。おれは幸せのありがたみを知ることになるんだ。もし、あんたの来るのが、毎回違う時間だと、おれは何時に心の準備をしたらいいのかわからない。しきたりを守ることが必要なのさ」

「しきたりというのは何のこと？」と星の王子さまはたずねました。

чем＋比較級、тем＋比較級　〜すればするほど、ますます….　назна́ченный　決められた＜назна́чить（決める）の被動形動詞過去．волнова́ться　興奮する．трево́житься　気をもむ．цена́ сча́стью　幸福の価値（はっきり「対価」という意味では цена́ на рис（米価）などна＋対格が用いられるが、漠然と、「そのものに属している価値」には与格が使われる．Кака́я э́тому цена́?　これはいくらですか）．соблюда́ть　〜に従う、守る．обря́д　儀式、手続き．

-123-

— Э́то то́же не́что давно́ забы́тое, — объясни́л Лис. — Не́что тако́е, отчего́ оди́н како́й-то день стано́вится не похо́ж на все други́е дни, оди́н час — на все други́е часы́. Вот, наприме́р, у мои́х охо́тников есть тако́й обря́д: по четверга́м они́ танцу́ют с дереве́нскими де́вушками. И како́й же э́то чуде́сный день — четве́рг! Я отправля́юсь на прогу́лку и дохожу́ до са́мого виногра́дника. А е́сли бы охо́тники танцева́ли когда́ придётся, все дни бы́ли бы одина́ковы и я никогда́ не знал бы о́тдыха.

Так Ма́ленький принц приручи́л Ли́са. И вот наста́л час проща́нья.

— Я бу́ду пла́кать о тебе́... — вздохну́л Лис.

— Ты сам винова́т, — сказа́л Ма́ленький принц. — Я ведь не хоте́л, чтобы тебе́ бы́ло бо́льно; ты сам пожела́л, чтобы я тебя́ приручи́л...

— Да, коне́чно, — сказа́л Лис.

— Но ты бу́дешь пла́кать!

— Да, коне́чно.

— Зна́чит, тебе́ от э́того пло́хо.

— Нет, — возрази́л Лис, — мне хорошо́. Вспо́мни, что я говори́л про золоты́е коло́сья.

похо́жий на + 対格 〜に似ている. по четверга́м 木曜日ごとに. танцева́ть 踊る (танцу́ю, танцу́ешь...танцу́ют). дереве́нский 村の. чуде́стый すばらしい. отправля́ться 出かける. прогу́лка 散歩. доходи́ть до + 生格 〜まで行く. са́мый ぎりぎりの限界をあらわす. виногра́дник ブドウ畑. когда́ придётся いいかげんな時に、適当なときに.

「それもとっくの昔に忘れられてしまったものだよ」とキツネは説明しました。「ある一日がほかのすべての日と違っており、またある１時間が別のすべての時間と違っているのは、そいつのおかげなんだ。たとえば、ここのハンターたちには、こんなしきたりがあるよ。やつらは木曜日ごとに、村の娘たちと踊りを踊るんだ。だから、木曜日というのは、本当にすばらしい日なんだ！　おれはブドウ畑までも散歩に出かけるのさ。もしもハンターたちが、でたらめなときに踊りを踊ったら、どの日もみんな同じになって、おれは息をつける日がなくなってしまう」

こうしてキツネは星の王子さまになつきました。そして、とうとう別れのときがやって来ました。

「あんたのことを思うと泣けちゃうだろうな…」とキツネはため息をつきました。

「きみ自身のせいだよ」と星の王子さまは言いました。「だって、ぼくはきみにつらい思いをさせようなんて思ってなかったんだからね。きみのほうがぼくになつきたがったんだからね…」

「そうさ、もちろん」とキツネは言いました。

「でも、泣いちゃうんでしょう！」

「そうさ、もちろん」

「じゃあ、それでいやな思いをするんじゃないか」

「ちがうよ」とキツネは反対しました。「ぼくは幸せさ。金色の麦の穂の話を思いだしてくれよ」

о́тдых 休息. наста́ть 到来する. проща́нье 別れ. пла́кать о＋前置格　〜のことを思って泣く. вздохну́ть ため息をつく. винова́тый 罪のある. бо́льно 心が痛む、つらい. пожела́ть 望む、欲する. вспо́мни＜вспо́мнить（思いだす）の命令形.

Он умо́лк. Пото́м приба́вил:

— Поди́ взгляни́ ещё раз на ро́зы. Ты поймёшь, что твоя́ ро́за — еди́нственная в ми́ре. А когда́ вернёшься, что́бы прости́ться со мной, я откро́ю тебе́ оди́н секре́т. Э́то бу́дет мой тебе́ пода́рок.

Ма́ленький принц пошёл взгляну́ть на ро́зы.

— Вы ничу́ть не похо́жи на мою́ ро́зу, — сказа́л он им. — Вы ещё ничто́. Никто́ вас не приручи́л, и вы никого́ не приручи́ли. Таки́м был пре́жде мой Лис. Он ниче́м не отлича́лся от ста ты́сяч други́х лиси́ц. Но я с ним подружи́лся, и тепе́рь он — еди́нственный в це́лом све́те.

Ро́зы о́чень смути́лись.

— Вы краси́вые, но пусты́е, — продолжа́л Ма́ленький принц. — Ра́ди вас не захо́чется умере́ть. Коне́чно, случа́йный прохо́жий, погляде́в на мою́ ро́зу, ска́жет, что она́ то́чно така́я же, как вы. Но мне она́ одна́ доро́же всех вас. Ведь э́то её, а не вас я полива́л ка́ждый день. Её, а не вас накрыва́л стекля́нным колпако́м. Её загора́живал ши́рмой, оберега́я от ве́тра. Для неё убива́л гу́сениц, то́лько двух и́ли трёх оста́вил, что́бы вы́велись ба́бочки. Я слу́шал, как она́ жа́ловалась и как хва́стала, я прислу́шивался к ней, да́же когда́ она́ умолка́ла. Она́ — моя́.

И Ма́ленький принц возврати́лся к Ли́су.

— Проща́й... — сказа́л он.

— Проща́й, — сказа́л Лис. — Вот мой секре́т, он о́чень прост: зо́рко одно́ лишь се́рдце. Самого́ гла́вного глаза́ми не уви́дишь.

умо́лк＜умо́лкнуть 黙る. приба́вить 付け足す. поди́ 行け. взгляну́ть ちらりと見る. поня́ть 理解する (пойму́, поймёшь...пойму́т). верну́ться 戻る. прости́ться с＋造格 ～と別れる. откры́ть секре́т 秘密を明かす. пода́рок 贈り物. ничу́ть не 少しも ～でない. ничто́ 無, つまらないもの. пре́жде 以前は. ниче́м не отлича́ться от＋生格 ～と少しも異ならない. подружи́ться с＋造格 ～と仲よくなる. смути́ться 当惑する. пусто́й からの, 中身のない. ра́ди＋生格 ～のために. захоте́ться ～したくなる.

- 126 -

キツネは黙り込みました。それから、こう付け足しました。
「もう一度バラの花を見てこいよ。あんたのバラが、世界でたった一つのバラだってことがわかるから。おれとの別れのために戻ってきたら、秘密を一つ教えてやるよ。それがおれからのプレゼントだ」
　星の王子さまはバラの花を見に出かけて行きました。
「きみたちは、ぼくのバラとちっとも似てないや」と王子さまはバラたちに言いました。「きみたちは、まだなにものでもないんだ。きみたちはだれにもなついていないし、だれもきみたちになついていないんだからね。ぼくのキツネも以前はそうだったよ。ほかの十万のキツネと少しも変わりがなかったんだ。でもぼくはキツネと仲良しになったから、今ではこの世でたった一匹のキツネなんだ」
　バラの花たちはたいそう困った顔をしました。
「きみたちはきれいだけど、中身がないのさ」と星の王子さまは続けました。「きみたちのために死ぬ気にはなれないよ。もちろん、たまたま通りかかった人がぼくのバラを見て、きみたちとそっくり同じだということはあるだろうさ。でも、ぼくにとっては、ぼくのバラ一本がきみたちみんなよりだいじなんだ。だって、ぼくが毎日水をやったのは、きみたちじゃなくて、ぼくのバラなんだからね。ガラスのおおいをかぶせてあげたのも、きみたちじゃなくて、ぼくのバラ。風から守ってあげようと、ついたてで囲んであげたのも、きみたちじゃなくて、ぼくのバラだった。毛虫も殺したよ、ちょうちょがかえるように2、3匹は残しておいたけどね。バラのぐちや自慢話も聞いたよ、口をとざしているときにも耳を傾けていたんだ。あのバラは、ぼくのバラだ」
　そうして星の王子さまはキツネのもとに帰ってきました。
「さようなら…」と王子さまは言いました。
「さようなら」とキツネは言いました。「ぼくの秘密というのはこれさ、とっても簡単なことだよ。目がよく見えるのは、心だけだってことさ。いちばんだいじなものは、目では見えないんだ」

умере́ть 死ぬ. случа́йный 偶然の. прохо́жий 通行人. то́чно тако́й же, как ～とまったく同じ. доро́же より大切な. полива́ть 水をかける. накрыва́ть おおう、かぶせる. стекля́нный колпа́к ガラスのおおい. загора́живать 囲う. ши́рма ついたて. оберега́ть 守る. убива́ть 殺す. гу́сеница 毛虫. вы́вестись 孵化する. жа́ловаться 不平をいう. хва́стать 自慢する. прислу́шиваться 耳を傾ける. умолка́ть 沈黙する. возврати́ться 帰る. зо́ркий 目のよく見える. са́мое гла́вное 最も肝心なこと.

— Са́мого гла́вного глаза́ми не уви́дишь... — повтори́л Ма́ленький принц, что́бы лу́чше запо́мнить.

— Твоя́ ро́за так дорога́ тебе́ потому́, что ты отдава́л ей все свои́ дни.

— Потому́ что я отдава́л ей все свои́ дни... — повтори́л Ма́ленький принц, что́бы лу́чше запо́мнить.

— Лю́ди забы́ли э́ту и́стину, — сказа́л Лис, — но ты не забыва́й: ты навсегда́ в отве́те за всех, кого́ приручи́л. Ты в отве́те за твою́ ро́зу.

— Я в отве́те за мою́ ро́зу... — повтори́л Ма́ленький принц, что́бы лу́чше запо́мнить.

(CD17 ここまで)

запо́мнить 覚える。 отдава́ть やる、提供する。 забы́ть 忘れる。

「いちばんだいじなものは、目では見えない」星の王子さまは、よく覚えておこうと、繰り返しました。

「あんたのバラがあんたにとって大切なのは、あんたが自分の毎日をバラにあげたからなんだよ」

「ぼくが自分の毎日をバラにあげたから…」星の王子さまは、よく覚えておこうと、繰り返しました。

「人間たちはこの真理を忘れてしまったのさ」とキツネは言いました。「でも、あんたは忘れちゃいけないよ。あんたになついたものすべてに対して、ずっと責任があるんだよ。あんたは、あんたのバラに対して責任があるのさ」

「ぼくは、ぼくのバラに対して責任がある…」星の王子さまは、よく覚えておこうと、繰り返しました。

и́стина　真理．в отве́те за＋対格　〜に責任がある．

XXII CD18

— До́брый день, — сказа́л Ма́ленький принц.

— До́брый день, — отозва́лся стре́лочник.

— Что ты де́лаешь? — спроси́л Ма́ленький принц.

— Сортиру́ю пассажи́ров, — отвеча́л стре́лочник. — Отправля́ю их в поезда́х по ты́сяче челове́к зара́з — оди́н по́езд напра́во, друго́й нале́во.

И ско́рый по́езд, сверка́я освещёнными о́кнами, с гро́мом промча́лся ми́мо, и бу́дка стре́лочника вся задрожа́ла.

— Как они́ спеша́т! — удиви́лся Ма́ленький принц. — Чего́ они́ и́щут?

— Да́же сам машини́ст э́того не зна́ет, — сказа́л стре́лочник.

И в другу́ю сто́рону, сверка́я огня́ми, с гро́мом пронёсся ещё оди́н ско́рый по́езд.

— Они́ уже́ возвраща́ются? — спроси́л Ма́ленький принц.

— Нет, э́то други́е, — сказа́л стре́лочник. — Э́то встре́чный.

— Им бы́ло нехорошо́ там, где они́ бы́ли пре́жде?

— Там хорошо́, где нас нет, — сказа́л стре́лочник.

И прогреме́л, сверка́я, тре́тий ско́рый по́езд.

— Они́ хотя́т догна́ть тех, пе́рвых? — спроси́л Ма́ленький принц.

— Ничего́ они́ не хотя́т, — сказа́л стре́лочник. — Они́ спят в ваго́нах и́ли про́сто сидя́т и зева́ют. Одни́ то́лько де́ти прижима́ются носа́ми к о́кнам.

— Одни́ то́лько де́ти зна́ют, чего́ и́щут, — промо́лвил Ма́ленький принц. — Они́ отдаю́т все свои́ дни тря́почной ку́кле, и она́ стано́вится им о́чень-о́чень дорога́, и е́сли её у них отни́мут, де́ти пла́чут...

— Их сча́стье, — сказа́л стре́лочник.

(CD18 ここまで)

отзва́ться 答える. стре́лочник 転轍(てん)手. сортирова́ть 仕分けする、分類する. пассажи́р 乗客. отправля́ть 行かせる、発送する. по́езд 列車（複数形 поезда́). по ты́сяче челове́к 千人ずつ. зара́з 一度に. напра́во 右へ. нале́во 左へ. ско́рый по́езд 急行列車. сверка́ть＋造格 ～を輝かせる. освещённый 照明された（＜освети́ть 照らす). гром 轟音. промча́ться 疾走する. бу́дка 見張り小屋. задрожа́ть 震え始める. иска́ть＋生格 ～を探す. машини́ст 運転手.

XXII

「こんにちは」と星の王子さまが言いました。

「こんにちは」と転轍手が言いました。

「何をしているの？」と星の王子さまがたずねました。

「乗客を仕分けしているのさ」と転轍手は答えました。「列車で一度に千人ずつ送りだすんだ —— 一台は右へ、もう一台は左へ」

するとそこへ、明かりのついた窓を輝かせながら、急行列車がものすごい音とともに駆け抜けていき、転轍手の小屋全体が震えだしました。

「すごい急ぎようだなあ！」星の王子さまは驚きました。「何を探しているんだろう？」

「当の運転手すら知らない始末なんだ」と転轍手は言いました。

すると反対の方向へ、明かりをともしながら、ものすごい音とともに、もう一つ急行列車が走りすぎました。

「もう帰ってきたの？」と星の王子さまはたずねました。

「いいや、別の人たちだよ」と転轍手は言いました。「反対方向の列車なんだ」

「あの人たちは前にいたところが具合が悪くなったのかなあ？」

「ひとのところはよく見える、というわけさ」と転轍手は言いました。

すると明かりとともに、三つ目の急行列車がごとんごとんと通り過ぎました。

「あの最初の人たちに追いつこうというのかな？」と星の王子さまはたずねました。

「何もしたいわけではないんだよ」と転轍手が言いました。「中では眠っているか、ただすわってあくびをしているだけだもの。子どもたちだけだよ、窓に鼻をくっつけているのは」

「探しものを知っているのは、ただ子どもたちだけなんだ」と星の王子さまは言いました。「子どもたちは、自分の一日一日を、全部ぬいぐるみのお人形にあげているから、お人形がとってもとっても大切になるんだよ、もしもお人形を取り上げられたら、泣いてしまうんだ…」

「子どもたちは幸せだよ」と転轍手は言いました。

в другу́ю сто́рону　別の方向へ．огóнь　明かり．пронести́сь　走りすぎる．встре́чный　対向の．там, где　～のところ．Там хорошо́, где нас нет．自分たちのいないところはよいものだ（ことわざ）．прогреме́ть　轟音を立てて通り過ぎる．догна́ть　追いつく．спать　眠る．ваго́н　車両．зева́ть　あくびをする．прижима́ться к＋与格　～にぴったり寄りかかる．тря́почный　ぼろで作った．ку́кла　人形．отнима́ть　取り上げる．пла́кать　泣く．сча́стье　幸福、幸せ．

XXIII

— До́брый день, — сказа́л Ма́ленький принц.

— До́брый день, — отве́тил торго́вец.

Он торгова́л усоверше́нствованными пилю́лями, кото́рые утоля́ют жа́жду. Проглоти́шь таку́ю пилю́лю — и пото́м це́лую неде́лю не хо́чется пить.

— Для чего́ ты их продаёшь? — спроси́л Ма́ленький принц.

— От них больша́я эконо́мия вре́мени, — отве́тил торго́вец. — По подсчётам специали́стов, мо́жно сэконо́мить пятьдеся́т три мину́ты в неде́лю.

— А что де́лать в э́ти пятьдеся́т три мину́ты?

— Да что хо́чешь.

«Будь у меня́ пятьдеся́т три мину́ты свобо́дных, — поду́мал Ма́ленький принц, — я бы про́сто-на́просто пошёл к родику́...»

торго́вец 商人. торгова́ть＋造格 ～を商う. усоверше́нствованный 改良された. пилю́ля 丸薬、錠剤. утоля́ть 満足させる、やわらげる. жа́жда 渇き. проглоти́ть 飲み込む. це́лую неде́лю 丸一週間. хоте́ться＋不定形 ～したい. продава́ть 売る.

XXIII

「こんにちは」と星の王子さまが言いました。

「こんにちは」と物売りが答えました。

物売りはのどの渇きをいやすという、よくできた飲み薬を売っていました。その薬を飲むと、丸一週間のどが渇かないのです。

「何のためにそんなものを売ってるの？」と星の王子さまはたずねました。

「これのおかげで大変な時間の節約になるんだよ」と物売りは答えました。「専門家の計算によると、一週間で53分節約できるということだ」

「その53分で何をするの？」

「好きなことをするさ」

「ぼくに自由な時間が53分あったら」と星の王子さまは考えました。「ただ、ぶらぶらと泉に行くだろうな…」

эконо́мия 節約．подсчёт 合計．специали́ст 専門家．сэконо́мить 節約する（不完了体は эконо́мить）．будь＜быть の命令形（～があるとしたら）．свобо́дный 自由な．про́сто-на́просто ただただ、わけもなく．родни́к 泉．

XXIV

Миновала неделя с тех пор, как я потерпел аварию, и, слушая про торговца пилюлями, я выпил последний глоток воды.

— Да, — сказал я Маленькому принцу, — всё, что ты рассказываешь, очень интересно, но я ещё не починил самолёт, у меня не осталось ни капли воды, и я тоже был бы счастлив, если бы мог просто-напросто пойти к роднику.

— Лис, с которым я подружился...

— Милый мой, мне сейчас не до Лиса!

— Почему?

— Да потому, что придётся умереть от жажды...

Он не понял, какая тут связь. Он возразил:

— Хорошо, если у тебя когда-то был друг, пусть даже надо умереть. Вот я очень рад, что дружил с Лисом.

«Он не понимает, как велика опасность. Он никогда не испытывал ни голода, ни жажды. Ему довольно солнечного луча...»

Я не сказал этого вслух, только подумал. Но Маленький принц посмотрел на меня и промолвил:

— Мне тоже хочется пить... Пойдём поищем колодец.

Я устало развёл руками: что толку наугад искать колодцы в бескрайней пустыне? Но всё-таки мы пустились в путь.

Долгие часы мы шли молча. Наконец стемнело, и в небе стали загораться звёзды. От жажды меня немного лихорадило, и я видел их будто во сне. Мне всё вспоминались слова Маленького принца, и я спросил:

— Значит, и ты тоже знаешь, что такое жажда?

Но он не ответил. Он сказал просто:

— Вода бывает нужна и сердцу...

миновать 過ぎる. с тех пор, как 〜して以来. потерпеть аварию 遭難する. торговец пилюлями 薬売り (動詞 торговать と同じく造格をとる). глоток 一飲み、一口. всё, что ты рассказываешь きみが話すことすべて. не осталось ни капли воды 一滴の水も残っていない. подружиться с + 造格 〜と友人になる、親しくなる. милый мой 親しみをこめた呼びかけ. мне не до + 生格 わたしは〜どころではない. прийтись + 不定形 〜しなければならなくなる. связь 関連、つながり. дружить с + 造格 〜と仲良くする.

XXIV

　わたしが遭難してから一週間が過ぎており、わたしは薬売りの話を聞きながら、最後の一口の水を飲んでしまいました。
　「そうだね」とわたしは星の王子さまに言いました。「話は全部とてもおもしろいけど、でも、ぼくはまだ飛行機をなおしてないのに、水が一滴も残ってないんだから、ぼくもぶらぶらと泉に行くことができるなら、幸せだろうになあ…」
　「ぼくが仲良しになったキツネはね…」
　「いいかい、いま、ぼくはね、キツネどころじゃないんだよ！」
　「どうして？」
　「だって、のどがかわいて死ななくちゃならないんだよ…」
　王子さまには話のつながりがわかりませんでした。王子さまは反論しました。
　「たとえ死ななくちゃならないとしても、友だちがいたのならいいんだよ。だから、ぼくはキツネと友だちになれたことをとても喜んでいるんだ」
　『王子さまには危険の大きさがわかっていないんだ。王子さまは、今まで一度も、飢えも渇きも経験したことがないんだからな。王子さまには太陽の光だけで十分なんだから…』
　わたしはそれを声にだしては言わず、ただ思っただけでした。けれども、星の王子さまはわたしを見ると、こう言ったのでした。
　「ぼくものどがかわいてるんだ… 井戸を探しに行こう」
　わたしは力なく肩をすくめました。果てしない砂漠で、あてずっぽうに井戸を探して何になるでしょう？　けれども、ともかく、わたしたちは歩きだしました。
　わたしたちは黙ったまま何時間も歩きました。とうとう暗くなり、空には星が瞬きはじめました。わたしは、のどのかわきのために寒気がし、夢の中で星を見ているようでした。星の王子さまの言葉がずっと思い浮かんでくるので、わたしはたずねました。
　「つまり、きみも、のどのかわきを知ってるんだね？」
　けれども王子さまは答えませんでした。王子さまただこう言っただけでした。
　「心にも水が必要になるときがあるんだ…」

вели́кий 非常に大きい. опа́сность 危険. испы́тывать 経験する. го́лод 飢え. дово́льно+生格 足りる. вслух 声にだして. поиска́ть 探し求める. коло́дец 井戸. уста́ло 疲れて、ぐったりと (<уста́лый). развести́ рука́ми 両手を広げる. Что то́лку+不定形…? 〜にどんな意味があるか. науга́д あてずっぽうに、運まかせに. бескра́йний 無限の. мо́лча 黙って. стемне́ть 暗くなる. загора́ться 燃えだす. лихора́дить 悪寒がする. вспомина́ться 思い浮かぶ.

-135-

Я не по́нял, но промолча́л. Я знал, что не сле́дует его́ расспра́шивать. Он уста́л. Опусти́лся на песо́к. Я сел ря́дом. Помолча́ли. Пото́м он сказа́л:

— Звёзды о́чень краси́вые, потому́ что где́-то там есть цвето́к, хоть его́ и не ви́дно...

— Да, коне́чно, — сказа́л я то́лько, гля́дя на волни́стый песо́к, освещённый луно́ю.

— И пусты́ня краси́вая... — приба́вил Ма́ленький принц.

Э́то пра́вда. Мне всегда́ нра́вилось в пусты́не. Сиди́шь на песча́ной дю́не. Ничего́ не ви́дно. Ничего́ не слы́шно. И всё же тишина́ сло́вно лучи́тся...

— Зна́ешь, отчего́ хороша́ пусты́ня? — сказа́л он. — Где́-то в ней скрыва́ются родиники́...

Я был поражён. Вдруг я по́нял, почему́ таи́нственно лучи́тся песо́к. Когда́-то, ма́леньким ма́льчиком, я жил в ста́ром-преста́ром до́ме — расска́зывали, бу́дто в нём запря́тан клад. Разуме́ется, никто́ его́ так и не откры́л, а мо́жет быть, никто́ никогда́ его́ и не иска́л. Но из-за него́ дом был сло́вно заколдо́ван: в се́рдце своём он скрыва́л та́йну...

— Да, — сказа́л я. — Будь то дом, звёзды и́ли пусты́ня, са́мое прекра́сное в них то, чего́ не уви́дишь глаза́ми.

— Я о́чень рад, что ты согла́сен с мои́м дру́гом Ли́сом, — отозва́лся Ма́ленький принц.

не сле́дует + 不定形 ～すべきでない. расспра́шивать 質問攻めにする. опусти́ться 腰を下ろす. хоть его́ и не ви́дно それは見えないものの. волни́стый 波形の. освещённый 照らされた. луна́ 月. песча́ная дю́на 砂丘. тишина́ 静けさ. лучи́ться 光り輝く. скрыва́ться 隠れている. порази́ть 驚かす (поражён は被動形動詞 поражённый の短語尾・男性形). таи́нственно 神秘的に. ста́рый-преста́рый ものすごく古い.

わたしはよくわかりませんでしたが、黙っていました。わたしは、いろいろ質問しないほうがいいことを知っていました。
　王子さまはくたびれてしまいました。砂の上に腰をおろしました。わたしはそのとなりにすわりました。しばらく黙っていました。それから王子さまがこう言いました。
「星がとてもきれいなのは、見えはしないけど、あそこのどこかに花が一つあるからなんだよ…」
「もちろん、そうだね」わたしは月に照らされて波打っている砂をながめながら、ただそう言いました。
「砂漠もきれいだね…」と星の王子さまは付け足しました。
　それは本当のことです。わたしは砂漠がいつも気に入っていました。砂丘にすわっています。何も見えません。何も聞こえません。でも、静けさがあたかも光り輝いているようです…
「どうして砂漠がすばらしいのか、知ってる？」と王子さまは言いました。「砂漠のどこかに、泉が隠されているからなんだ…」
　わたしはびっくりしました。わたしは、砂が神秘的に光り輝くわけが、とつぜんわかったのでした。小さい子どもだったころ、わたしはひどく古い家に住んでいました。その家には財宝が隠されているらしいという、うわさでした。もちろん、だれも結局は財宝を発見しませんでしたし、もしかすると、探した人も全然いなかったのかもしれません。けれども、その財宝のせいで、その家はまるで魔法にかかっているようでした。家の奥深いところに秘密が隠されていたのですから…
「そうだね」とわたしは言いました。「家でも、星でも、砂漠でも、そういうものの一番すばらしいところは目では見えないものなんだね」
「おじさんがぼくの友だちのキツネに賛成で、ぼく、すごくうれしいよ」と星の王子さまは答えました。

запря́тать　隠す（запря́тан は被動形動詞 запря́танный の短語尾・男性形）．клад　財宝．разуме́ется　もちろん．так и не　結局～ない．заколдова́ть　魔法にかける（заколдо́ван は被動形動詞 заколдо́ванный の短語尾・男性形）．та́йна　秘密．будь то … и́ли ～　…であれ ～であれ．то, чего́ не уви́дишь глаза́ми　目では見えないもの．

Потóм он уснýл, я взял егó нá руки и пошёл дáльше. Я был взволнóван. Мне казáлось, я несý хрýпкое сокрóвище. Мне казáлось дáже, — ничегó бóлее хрýпкого нет на нáшей Землé. При свéте луны́ я смотрéл на егó блéдный лоб, на сóмкнутые реснúцы, на золоты́е пря́ди волóс, котóрые перебирáл вéтер, и говорúл себé: всё э́то лишь оболóчка. Сáмое глáвное — то, чегó не увúдишь глазáми...

Егó полуоткры́тые гýбы дрóгнули в улы́бке, и я сказáл себé: трóгательней всегó в э́том спя́щем Мáленьком прúнце егó вéрность цветкý, óбраз рóзы, котóрый лучúтся в нём, слóвно плáмя светúльника, дáже когдá он спит... И я пóнял, он ещё бóлее хрýпок, чем кáжется. Светúльники нáдо берéчь: поры́в вéтра мóжет погасúть...

Так я шёл... и на рассвéте дошёл до колóдца.

уснýть 寝入る. взволнóванный 心配な、不安な. хрýпкий もろい、こわれやすい. сокрóвище 宝. блéдный 青白い. лоб 額. сóмкнутый＜сомкнýть（閉じる）の被動形動詞過去. реснúца まつげ. прядь 房. перебирáть 次々に触る. оболóчка 殻、外皮. полуоткры́тый 半分開いた.

それから王子さまは眠ってしまい、わたしは王子さまを抱き上げて、先に歩き出しました。わたしは不安でした。自分がこわれやすい宝物を運んでいるような気がしました。この地球上には、これ以上こわれやすいものはない、とさえ思いました。月明かりのもとで、わたしは王子さまの青白い額と、閉じたまつげと、風にさらさらとなびく金色の髪の房を見て、こう思いました。これは全部ただ外側の殻にすぎないのだ、と。一番大切なものは、目には見えないのだ、と…
　王子さまの半分開いた唇がぴくりとほほえみ、わたしはこう思いました。この眠っている星の王子さまのなかで一番こころ引かれるのは、花に対する王子さまの一途な気持ちで、王子さまのなかで光り輝いているこのバラの像が、眠っているあいだも、ちょうど灯明皿の炎のようなのだ…と。そしてわたしは、王子さまが見かけよりずっとこわれやすいものであることを理解しました。灯明はだいじにしなくてはいけません。一陣の風で消えてしまうこともあるのですから…
　そうやってわたしは歩いていき…明け方になって、井戸にたどりついたのでした。

дро́гнуть　ピクリとふるえる．тро́гательный　感動的な（тро́гательней は比較級）．спя́щий　眠っている（＜спать　眠る）．ве́рность　忠実さ、誠実さ．пла́мя　炎．свети́льник　灯明、燭台．бере́чь　大切にする．поры́в ве́тра　突風．погаси́ть　消す．рассве́т　夜明け．

XXV

— Лю́ди забира́ются в ско́рые поезда́, но они́ уже́ са́ми не понима́ют, чего́ и́щут, — сказа́л Ма́ленький принц. — Поэ́тому они́ не зна́ют поко́я, броса́ются то в одну́ сто́рону, то в другу́ю...

Пото́м приба́вил:

— И всё напра́сно...

Коло́дец, к кото́рому мы пришли́, был не тако́й, как все коло́дцы в Саха́ре. Обы́чно здесь коло́дец — про́сто я́ма в песке́. А э́то был са́мый настоя́щий дереве́нский коло́дец. Но дере́вни тут нигде́ не́ было, и я поду́мал, что э́то сон.

забира́ться 乗り込む. поко́й 平安、やすらぎ. броса́ться 突進する. то..., то... あるいは〜、あるいは〜.

XXV

「人間は急行列車に乗り込むけれど、もう何を求めているのか自分でわからないんだ」と星の王子さまは言いました。「だから、やすらぎを知らずに、あっちへ行ったり、こっちへ行ったり…」

それから、こう付け加えました。

「そして全部むだなんだ…」

わたしたちがたどりついた井戸は、サハラ砂漠のどんな井戸とも違っていました。このあたりのたいていの井戸は、砂地に掘ったただの穴です。でも、それは正真正銘の村の井戸でした。けれども、このあたりに村は一つもありませんでしたから、これは夢だとわたしは思いました。

напра́сно むだに. я́ма 穴. настоя́щий 本当の. дереве́нский 村の、田舎の. сон 夢.

— Как стра́нно — сказа́л я Ма́ленькому при́нцу, — тут всё пригото́влено: и во́рот, и ведро́, и верёвка...

Он засмея́лся, тро́нул верёвку, стал раскру́чивать во́рот. И во́рот заскрипе́л, то́чно ста́рый флю́гер, до́лго ржа́вевший в безве́трии.

— Слы́шишь? — сказа́л Ма́ленький принц. — Мы разбуди́ли коло́дец, и он запе́л!

Я боя́лся, что он уста́нет.

— Я сам зачерпну́ воды́, — сказа́л я, — тебе́ э́то не под си́лу.

Ме́дленно вы́тащил я по́лное ведро́ и надёжно поста́вил его́ на ка́менный край коло́дца. В уша́х у меня́ ещё отдава́лось пе́ние скрипу́чего во́рота, вода́ в ведре́ ещё дрожа́ла, и в ней игра́ли со́лнечные за́йчики.

— Мне хо́чется глотну́ть э́той воды́, — промо́лвил Ма́ленький принц. — Дай мне напи́ться...

И я по́нял, что он иска́л!

Я поднёс ведро́ к его́ губа́м. Он пил, закры́в глаза́. Э́то бы́ло как са́мый прекра́сный пир. Вода́ э́та была́ не проста́я. Она́ родила́сь из до́лгого пути́ под звёздами, из скри́па во́рота, из уси́лий мои́х рук. Она́ была́ как пода́рок се́рдцу. Когда́ я был ма́ленький, так свети́лись для меня́ рожде́ственские пода́рки: сия́ньем свеч на ёлке, пе́нием орга́на в час полно́чной ме́ссы, ла́сковыми улы́бками.

— На твое́й плане́те, — сказа́л Ма́ленький принц, — лю́ди выра́щивают в одно́м саду́ пять ты́сяч роз... и не нахо́дят того́, что и́щут...

— Не нахо́дят, — согласи́лся я.

пригото́вить 用意する (пригото́влено は被動形動詞 пригото́вленный の短語尾・中性形). во́рот 巻上げ機. ведро́ バケツ. верёвка 綱、ロープ. засмея́ться 笑いだす. тро́нуть さわる. раскру́чивать 急回転させる. заскрипе́ть きしり始める. флю́гер 風向計、風見鶏. до́лго ржа́вевший в безве́трии 無風状態で長いあいだ錆(さ)ついていた. разбуди́ть 起こす. запе́ть 歌いだす. зачерпну́ть 汲み取る. не под си́лу 力に及ばない. вы́тащить 引っ張りだす. надёжно しっかりと、確実に. отдава́ться 響く. пе́ние 歌. скрипу́чий きいきいいう. дрожа́ть 震える.

「ふしぎだねえ」とわたしは星の王子さまに言いました。「ここには全部そろってる。巻上げ機も、バケツも、ロープも…」

王子さまは笑いだして、ロープにさわると、巻上げ機を巻き始めました。すると巻上げ機は、無風状態のままずっと錆ついていた古い風見鶏のように、キーキー音を立て始めました。

「聞こえる？」と星の王子さまは言いました。「ぼくたちが井戸を起こして、井戸が歌いだしたよ！」

わたしは王子さまが疲れてしまうのではないかと心配でした。

「ぼくが自分で水を汲むよ」とわたしは言いました。「きみにはむりだ」

わたしはいっぱいになったバケツをゆっくりと引っ張りだし、井戸の石のへりにしっかりと置きました。わたしの耳には、まだきいきいいう巻上げ機の歌が響き、バケツの水はまだふるえ、その中では太陽の光がきらきらしていました。

「その水が飲みたいな」と星の王子さまが口にしました。「ぼくにたっぷり飲ませてよ…」

わたしは王子さまが何を求めていたのか、ようやくわかったのでした！

わたしはバケツを王子さまの唇に近づけました。王子さまは目を閉じて、飲みました。それは最高のごちそうのようでした。この水はただの水ではなかったのです。それは星空のもとの長旅のあと、巻上げ機をきしませ、わたしの手で取りだしたのです。それは心への贈り物のようでした。小さかったころ、わたしにとって、クリスマスプレゼントがそうでした。それはクリスマスツリーのろうそくの輝きや、真夜中のミサのオルガンの歌声や、やさしい笑顔に輝いていたのです。

「おじさんの星では」と星の王子さまは言いました。「人間は一つの庭に5千もバラを栽培するけど…それでも探し求めているものが見つからないんだ…」

「見つからないね」とわたしはうなずきました。

со́лнечный за́йчик　日光の反射．глотну́ть　飲み込む．Дай мне＋不定形　わたしに〜させてくれ．напи́ться　十分飲む．иска́ть は特定の対象は対格を、「助け」や「幸福」など不特定の対象は生格をとる．поднести́　近づける．пир　ごちそう．просто́й　ありふれた、ただの．до́лгий путь　長旅．скрип　きしる音．уси́лие　努力、骨折り．свети́ться＋造格　〜で輝く．рожде́ственский　クリスマスの．сия́нье＝сия́ние　輝き．свеча́　ろうそく．ёлка　クリスマスツリー．орга́н　オルガン．полно́чная ме́сса　真夜中のミサ．ла́сковый　やさしい．выра́щивать　栽培する．согласи́ться　賛成する．

-143-

— А ведь то, чего они и́щут, мо́жно найти́ в одно́й-еди́нственной ро́зе, в гло́тке воды́...

— Да, коне́чно, — согласи́лся я.

И Ма́ленький принц сказа́л:

— Но глаза́ слепы́. Иска́ть на́до се́рдцем.

Я вы́пил воды́. Дыша́лось легко́. На рассве́те песо́к стано́вится золото́й, как мёд. И от э́того то́же я был сча́стлив. С чего́ бы мне грусти́ть?..

— Ты до́лжен сдержа́ть сло́во, — мя́гко сказа́л Ма́ленький принц, сно́ва садя́сь ря́дом со мно́ю.

— Како́е сло́во?

— По́мнишь, ты обеща́л... намо́рдник для моего́ бара́шка... Я ведь в отве́те за тот цвето́к.

Я доста́л из карма́на свои́ рису́нки. Ма́ленький принц погляде́л на них и засмея́лся:

— Баоба́бы у тебя́ похо́жи на капу́сту...

А я-то так горди́лся свои́ми баоба́бами!

— А у лиси́цы твое́й у́ши... то́чно рога́! И каки́е дли́нные!

И он опя́ть засмея́лся.

— Ты несправедли́в, дружо́к. Я ведь никогда́ и не уме́л рисова́ть — ра́зве то́лько уда́вов снару́жи и изнутри́.

— Ну ничего́, — успоко́ил он меня́. — Де́ти и так пойму́т.

И я нарисова́л намо́рдник для бара́шка. Я о́тдал рису́нок Ма́ленькому при́нцу, и се́рдце у меня́ сжа́лось.

— Ты что́-то заду́мал и не говори́шь мне...

Но он не отве́тил.

оди́н-еди́нственный たった一つの. глото́к ひと口、一飲み. слепо́й 目の見えない. дыша́ться 息ができる. легко́ 軽々と、楽に. мёд 蜂蜜. с чего́ なぜ、どうして. грусти́ть 悲しむ. сдержа́ть сло́во 約束を守る. садя́сь すわりながら（сади́ться の副動詞）. намо́рдник 口輪. бара́шек 子羊. (быть) в отве́те за + 対格 ～に責任がある. капу́ста キャベツ.

「だって、探してるものは、たった一本のバラや、ひと口の水にあるんだ…」
「もちろん、そうだね」とわたしは賛成しました。
そして星の王子さまは言いました。
「でも、目はものが見えないんだ。心で探さなくちゃいけない」
わたしは水を飲みました。息が楽になりました。夜明けで、砂が蜂蜜のように金色になってきます。そのこともあって、わたしは幸せでした。どうして悲しむ必要などあるでしょう？…
「約束を守ってね」と、またわたしのとなりに腰をおろしながら、星の王子さまはやさしく言いました。
「どんな約束？」
「約束したこと、おぼえているでしょ… ぼくの子羊の口輪だよ… ぼくはあのバラに責任があるんだからね」
わたしはポケットから絵を取りだしました。星の王子さまはそれを見ると、笑いだしました。
「おじさんのバオバブの木はキャベツみたいだね…」
わたしのほうは、そのバオバブの木がほんとうに自慢だったというのに！
「おじさんのキツネの耳は…まるで角だね！ それになんて長いんだろう！」
そして王子さまは笑いだしました。
「王子さま、それは不公平だよ。ぼくは一度も絵が描けるようになったためしがないんだから ── じっさい、大蛇ボアを外側と内側から描いただけなんだから」
「だいじょうぶだよ」と王子さまはわたしをなぐさめました。「子どもたちには、それでもわかるよ」
それで、わたしは子羊用の口輪を描きました。わたしは絵を星の王子さまに手渡しましたが、胸がしめつけられました。
「何か考えがあるのに、きみは言ってくれないんだね…」
けれども、王子さまは答えませんでした。

я-то -то は я を強める. горди́ться ＋造格 ～を誇る. то́чно まるで. рог 角（複数形 рога́）. несправедли́вый 不公平な. дружо́к друг の指小形. ничего́ だいじょうぶ. успоко́ить 安心させる. и так そのままでも. пойму́т＜поня́ть 理解する（пойму́, поймёшь…пойму́т）. отда́ть 渡す. сжа́ться（胸が）しめつけられる. заду́мать 企てる、計画する.

— Зна́ешь, — сказа́л он, — за́втра испо́лнится год, как я попа́л к вам на Зе́млю...

И умо́лк. Пото́м приба́вил:

— Я упа́л совсе́м бли́зко отсю́да...

И покрасне́л.

И опя́ть, бог весть почему́, тяжело́ ста́ло у меня́ на душе́. Всё-таки я спроси́л:

— Зна́чит, неде́лю наза́д, в то у́тро, когда́ мы познако́мились, ты не случа́йно броди́л тут совсе́м оди́н, за ты́сячу миль от челове́ческого жилья́? Ты возвраща́лся к тому́ ме́сту, где тогда́ упа́л?

Ма́ленький принц покрасне́л ещё сильне́е.

А я приба́вил нереши́тельно:

— Мо́жет быть, э́то потому́, что исполня́ется год?..

И опя́ть он покрасне́л. Он не отве́тил ни на оди́н мой вопро́с, но ведь когда́ красне́ешь, э́то зна́чит «да», не так ли?

— Неспоко́йно мне... — на́чал я.

Но он сказа́л:

— Пора́ тебе́ принима́ться за рабо́ту. Иди́ к свое́й маши́не. Я бу́ду ждать тебя́ здесь. Возвраща́йся за́втра ве́чером...

Одна́ко мне не ста́ло споко́йнее. Я вспо́мнил о Ли́се. Когда́ даёшь себя́ приручи́ть, пото́м случа́ется и пла́кать.

испо́лниться　になる、達する.　как 〜してから.　попа́сть　やって来る.　умо́лкнуть　黙り込む.　упа́сть　落ちる.　бли́зко отсю́да　ここから近くに.　покрасне́ть　赤くなる.　бог весть　神さまが知っている（＝誰にもわからない）.　тяжело́ на душе́　気が重い.　всё-таки　それでもやはり.　то у́тро, когда́ мы познако́мились　わたしたちが知り合ったあの朝.　не случа́йно　偶然でなく.　броди́ть　さまよい歩く.

- 146 -

「それがね」と王子さまは言いました。「ぼくがこの地球にやってきてから、あしたで一年になるんだよ…」
　そして黙ってしまいました。それから付け足しました。
「ぼくはここからすぐのところに落ちてきたんだ…」
　そして赤くなりました。
　そして、また、どういうわけか、わたしは気が重くなりました。それでもやはり、わたしはたずねました。
「ということは、一週間前に、ぼくたちが知り合ったあの朝に、人の住むところから千マイルも離れたこの土地を、きみがたった一人でさまよっていたのは偶然じゃなかったのか。そのとき落ちてきたところに戻るところだったんだね？」
　星の王子さまはさらに顔を赤らめました。
　わたしはためらいがちに付け足しました。
「たぶん、もうすぐ一年になるという理由で？…」
　そして、また王子さまは顔を赤くしました。王子さまは、わたしの質問には何一つ答えませんでしたが、人が顔を赤らめるときには、それは「その通り」という意味ではないでしょうか。
「心配だな…」とわたしは始めました。
　ところが王子さまが言いました。
「そろそろ仕事にとりかかったほうがいいよ。おじさんの機械のところに行きなよ。ぼくはここで待ってるから。あしたの晩に戻ってきて…」
　けれども、わたしの心は落ち着きませんでした。わたしはキツネのことを思いだしました。だれかになつくと、そのあとで泣くはめになることもあるのです。

за ты́сячу миль от 〜から千マイル離れて．челове́ческое жильё 人の住むところ．нереши́тельно ためらって．не так ли そうではありませんか．неспоко́йно 不安だ、気にかかる．пора́ + 不定形 〜する時だ．принима́ться за + 対格 〜に取りかかる．вспо́мнить 思い出す．дава́ть (+ 与格) + 不定形 〜させる．приручи́ть なつかせる．случа́ться + 不定形 〜することになる．случа́ется и пла́кать 泣くことにもなりかねない（и = да́же）．

XXVI

Неподалёку от колодца сохранились развалины древней каменной стены. На другой вечер, покончив с работой, я вернулся туда и ещё издали увидел, что Маленький принц сидит на краю стены, свесив ноги. И услышал его голос.

— Разве ты не помнишь? — говорил он. — Это было совсем не здесь.

Наверно, кто-то ему отвечал, потому что он возразил:

— Ну да, это было ровно год назад, день в день, но только в другом месте...

Я зашагал быстрее. Но нигде у стены я больше никого не видел и не слышал. А между тем Маленький принц снова ответил кому-то:

неподалёку 近くに．сохраниться 残る、保存される．развалины 廃墟．древний 古代の．каменная стена 石垣．покончить с + 造格 〜にけり・片をつける．издали 遠くから．свесить たらす（свесив は副動詞）．день в день きっかりその日に、日を違えずに．

- 148 -

XXVI

　井戸から遠くないところに、昔の石垣の残骸が残されていました。次の日の晩、仕事にけりをつけて、わたしはそこに戻ってきましたが、星の王子さまが両足をたらして石垣のへりに座っているのが、まだ遠くからでもわかりました。そして王子さまの声が聞こえてきました。

　「ほんとうに、おぼえていないの？」と王子さまが言いました。「ぜんぜんここじゃないよ」

　たぶん、だれかが王子さまに答えたのでしょう、王子さまがそれに対して反対したのですから。

　「それはそうだよ、ちょうど一年前の、きっかり今日だけど、でも違う場所だよ…」

　わたしは足を早めました。けれども石垣の近くには、どこにも、もうそれ以上、だれの姿も見えなければ、だれの声も聞こえませんでした。それにもかかわらず、星の王子さまはふたたびだれかに答えました。

зашагáть　歩きだす. Нигдé у стены́ я бо́льше никого́ не ви́дел и не слы́шал. 壁の近くのどこにも、もうそれ以上、だれも見えなければ、だれの声も聞こえなかった. мéжду тем　にもかかわらず.

— Ну коне́чно. Ты найдёшь мои́ следы́ на песке́. И тогда́ жди. Сего́дня но́чью я туда́ приду́.

До стены́ остава́лось два́дцать ме́тров, а я всё ещё ничего́ не ви́дел.

По́сле недо́лгого молча́ния Ма́ленький принц спроси́л:

— А у тебя́ хоро́ший яд? Ты не заста́вишь меня́ до́лго му́читься?

Я останови́лся, и се́рдце моё сжа́лось, но я всё ещё не понима́л.

— Тепе́рь уходи́, — сказа́л Ма́ленький принц. — Я хочу́ спры́гнуть вниз.

Тогда́ я опусти́л глаза́ да так и подскочи́л! У подно́жья стены́, подня́в го́лову к Ма́ленькому при́нцу, сверну́лась жёлтая зме́йка, из тех, чей уку́с убива́ет в полмину́ты.

Нащу́пывая в карма́не револьве́р, я бего́м бро́сился к ней, но при зву́ке шаго́в зме́йка ти́хо застуи́лась по песку́, сло́вно умира́ющий ручеёк, и с е́ле слы́шным металли́ческим зво́ном неторопли́во скры́лась меж камне́й.

Я подбежа́л к стене́ как раз во́время и подхвати́л моего́ Ма́ленького при́нца. Он был беле́е сне́га.

— Что э́то тебе́ вздума́лось, малы́ш! — воскли́кнул я. — Чего́ ра́ди ты заво́дишь разгово́ры со зме́ями?

Я развяза́л его́ неизме́нный золото́й шарф. Я смочи́л ему́ виски́ и заста́вил вы́пить воды́. Но я не смел бо́льше ни о чём спра́шивать. Он серьёзно посмотре́л на меня́ и обви́л мою́ ше́ю рука́ми. Я услы́шал, как бьётся его́ се́рдце, сло́вно у подстре́ленной пти́цы. Он сказа́л:

найти́ 見つける. след 跡. но́чью 夜中に. остава́ться 残る. недо́лгий 長くない. молча́ние 沈黙. яд 毒. заста́вить 強いる、余儀なくさせる. му́читься 苦しむ. останови́ться 立ち止まる. спры́гнуть 飛び降りる. вниз 下へ. опусти́ть おろす. подскочи́ть 飛び上がる. подно́жье (=подно́жие) 土台、足もと. сверну́ться とぐろを巻く. зме́йка 小さなヘビ. уку́с 咬むこと. убива́ть 殺す. полмину́ты 30秒. нащу́пывать 手探りする. револьве́р (回転式)連発拳銃、リボルバー. бего́м 駆け足で. бро́ситься 突進する. при зву́ке шаго́в 足音を聞いて.

—150—

「もちろんさ。ぼくの足跡が砂の上に見つかるよ。そうしたら待っておくれよ。今日の夜中にそこに行くからさ」

石垣まで20メートルでしたが、わたしはいぜんとして何も見えませんでした。しばらく黙っていてから、星の王子さまはたずねました。

「きみの毒はいい毒なんだろうね？ ぼくを長くは苦しめないよね？」

わたしは立ち止まり、胸がしめつけられる思いでしたが、けれども、まだわかりませんでした。

「さあ、どいてよ」と星の王子さまは言いました。「ぼく下に降りたいんだから」

そこでわたしは視線を下に向けましたが、とたんに飛び上がりました！ 石垣の足もとに、星の王子さまのほうに頭を持ち上げて、黄色いヘビがとぐろを巻いていましたが、それは、かみつかれたら30秒で死んでしまう種類のヘビでした。

ポケットのピストルを手探りしながら、わたしはヘビに向かって駆けだしましたが、ヘビは、足音を聞きつけると、消えてなくなりそうな水の流れのように、静かに砂の上を流れだし、かすかに金属的な音を響かせながら、ゆっくりと石の間にかくれてしまいました。

わたしは石垣にかけよって、やっとのことで星の王子さまを抱きかかえました。王子さまは雪以上に真っ青になっていました。

「坊ちゃん、これはいったい何のまねだい！」とわたしは叫び声を上げました。「何のために、ヘビなんかと話をしてるんだい？」

わたしは王子さまのいつもの金のスカーフをゆるめました。こめかみをしめらせて、水をひと口飲ませました。けれども、もうそれ以上何も聞く気にはなれませんでした。王子さまは真剣な顔でわたしを見ると、わたしの首に抱きつきました。まるで射落とされた鳥のように、王子さまの心臓が波打っているのが聞こえました。王子さまが言いました。

заструи́ться 流れだす. умира́ющий 消え入りそうな. ручеёк 小川（＜руче́й の指小形）. е́ле слы́шный やっと聞き取れる. металли́ческий 金属的な. скры́ться 隠れる. меж камне́й 石の間に. как раз во́время ちょうど間に合って. подхвати́ть 受けとめる. беле́е сне́га 雪よりも白い. взду́маться 思いつく. чего́ ра́ди 何のために. заводи́ть разгово́р 話を始める. развяза́ть ほどく. смочи́ть ぬらす. висо́к こめかみ. сметь あえて～する. обви́ть ше́ю рука́ми 首に抱きつく. подстре́ленный 射落とされた.

-151-

— Я рад, что ты нашёл, в чём там была беда с твоей машиной. Теперь ты можешь вернуться домой...

— Откуда ты знаешь?!

Я как раз собирался сказать ему, что, вопреки всем ожиданиям, мне удалось исправить самолёт!

Он не ответил, он только сказал:

— И я тоже сегодня вернусь домой.

Потом прибавил печально:

— Это гораздо дальше... и гораздо труднее...

Всё было как-то странно. Я крепко обнимал его, точно малого ребёнка, и, однако, мне казалось, будто он ускользает, его затягивает бездна и я не в силах его удержать...

Он задумчиво смотрел куда-то вдаль.

— У меня останется твой барашек. И ящик для барашка. И намордник...

Он печально улыбнулся.

Я долго ждал. Он словно бы приходил в себя.

— Ты напугался, малыш...

Ну ещё бы не напугаться! Но он тихонько засмеялся:

— Сегодня вечером мне будет куда страшнее...

И опять меня оледенило предчувствие непоправимой беды. Неужели, неужели я никогда больше не услышу, как он смеётся? Этот смех для меня — точно родник в пустыне.

— Малыш, я хочу ещё послушать, как ты смеёшься...

Но он сказал:

— Сегодня ночью исполнится год. Моя звезда станет как раз над тем местом, где я упал год назад...

вопреки +与格 ～に反して. исправить 修理する. обнимать 抱きしめる. ускользать 滑り落ちる. затягивать 引っぱり込む. бездна 深淵. не в силах +不定形 ～できない. удержать 支える. остаться 残る. печально 悲しそうに. словно бы +過去形 どうも ～らしい. приходить в себя われに返る. напугаться びっくりする, 肝をつぶす.

「おじさんの機械の悪いところが見つかってよかったね。これで、うちに帰れるね…」
「どうして、それを知ってるの?!」
　まったく思いもかけず飛行機の修理ができたことを、わたしはたった今王子さまに話そうとしていたのでした。
　王子さまはそれには答えず、ただこう言っただけでした。
「ぼくもやっぱり今日うちに帰るんだ」
　それから悲しそうに付け足しました。
「ぼくのほうはずっと遠いんだ…　それにずっと大変なんだ…」
　すべてがおかしな感じでした。小さな子どもを抱きしめるように、わたしは王子さまをしっかり抱きしめているのに、王子さまが滑り落ちて、奈落の底に落ちていきそうなのですが、わたしには支えてやる力がないようなのです…
　王子さまは考えつめた顔をして、どこか遠いところを見ているのでした。
「ぼくの手にはおじさんの子羊が残る。子羊の箱も。口輪も…」
　王子さまは悲しそうにほほえみました。
　わたしは長いあいだ待っていました。王子さまはどうやらわれに返りつつあるようでした。
「肝をつぶしてしまったんだね、坊ちゃん…」
　肝をつぶさぬはずがありません！　けれども王子さまは静かに笑いだしました。
「今晩ぼくは、もっとずっと怖いめに会うんだよ…」
　すると、わたしは、また、取り返しのつかないことが起こりそうな予感がして、ぞっとしました。ほんとうに、ほんとうに、もう二度と、王子さまの笑い声が聞かれなくなるのでしょうか？　この笑い声はわたしにとって、ちょうど砂漠の中の泉なのです。
「坊ちゃん、ぼくはもっと坊ちゃんの笑い声が聞きたいよ…」
　けれども王子さまは言いました。
「今夜で一年になるんだよ。ぼくの星がね、一年前にぼくが落ちてきたところの真上に来るんだ…」

ещё бы не ～しないはずがない. тихо́нько　静かに. куда́ （比較級とともに）はるかに. оледени́ть　こごえさせる. предчу́вствие　予感. непоправи́мый　取り返しのつかない. смех　笑い、笑い声. как раз над тем ме́стом, где я упа́л год наза́д　わたしが一年前に落ちてきたところのちょうど上に.

— 153 —

— Послу́шай, малы́ш, ведь всё э́то — и змея́, и свида́нье со звездо́й — про́сто дурно́й сон, пра́вда?

Но он не отве́тил.

— Са́мое гла́вное — то, чего́ глаза́ми не уви́дишь... — сказа́л он.

— Да, коне́чно...

— Э́то как с цветко́м. Е́сли лю́бишь цвето́к, что растёт где́-то на далёкой звезде́, хорошо́ но́чью гляде́ть в не́бо. Все звёзды расцвета́ют.

— Да, коне́чно...

— Э́то как с водо́й. Когда́ ты дал мне напи́ться, та вода́ была́ как му́зыка, а всё из-за воро́та и верёвки... По́мнишь? Она́ была́ о́чень хоро́шая.

— Да, коне́чно...

— Но́чью ты посмо́тришь на звёзды. Моя́ звезда́ о́чень ма́ленькая, я не могу́ её тебе́ показа́ть. Так лу́чше. Она́ бу́дет для тебя́ про́сто одна́ из звёзд. И ты полю́бишь смотре́ть на звёзды... Все они́ ста́нут тебе́ друзья́ми. И пото́м, я тебе́ ко́е-что подарю́...

И он засмея́лся.

— Ах, малы́ш, малы́ш, как я люблю́, когда́ ты смеёшься!

— Вот э́то и есть мой пода́рок... Э́то бу́дет как с водо́й...

— Как так?

— У ка́ждого челове́ка свои́ звёзды. Одни́м — тем, кто стра́нствует, — они́ ука́зывают путь. Для други́х э́то про́сто ма́ленькие огоньки́. Для учёных они́ — как зада́ча, кото́рую на́до реши́ть. Для моего́ дельца́ они́ — зо́лото. Но для всех э́тих люде́й звёзды — немы́е. А у тебя́ бу́дут совсе́м осо́бенные звёзды.

свида́нье с + 造格 ～と会うこと. дурно́й 悪い. пра́вда? そうではないのか？ Э́то как с + 造格 それは〜についても同じことだ. цвето́к, что растёт где́-то на далёкой звезде́ どこか遠くの星で成長している花 (что は関係詞 = кото́рый). расцвета́ть 開花する. когда́ ты дал мне напи́ться きみがぼくに水を心ゆくまで飲ませてくれたとき.

「いいかい、坊ちゃん、ヘビも、星との待ち合わせも、そんなものはみんな、ただの悪い夢じゃないのかい？」

けれども王子さまは答えませんでした。

「いちばん大事なものは目には見えないものなんだ…」と王子さまは言いました。

「そう、もちろん…」

「それは花でも同じことなんだ。もしも、どこか遠くの星で大きくなっている花が好きだとしたら、夜、空をながめるのは、すばらしいことだよ。星が全部咲き誇っているからね」

「そう、もちろん…」

「それは水でも同じことなんだ。おじさんがぼくに水をぐっと飲ませてくれたとき、あの水は音楽のようだったけど、それもすべて、巻上げ機やロープなんかのせいなんだ… おぼえてる？ とてもすばらしかったなあ」

「そう、もちろん…」

「夜中に星を見てみて。ぼくの星はとても小さいから、星を指し示すことはできないんだ。でもそのほうがいいよ。ぼくの星はおじさんにとっては、たくさんある星のうちの一つにすぎない。だから、おじさんは星を見るのが好きになるんだ。星たちがすべて、おじさんの友だちになる。それから、ぼく、おじさんにプレゼントをしてあげる…」

そして王子さまは笑いだしました。

「ああ、坊ちゃん、坊ちゃん、ぼくはその笑い声が大好きさ！」

「これが、そのプレゼントだよ… これが水と同じことになるんだ…」

「どういうこと？」

「人それぞれに自分の星があるんだ。旅をする人たちにとっては、星は道を指し示してくれるものなんだ。また別の人たちにとっては、それはただの小さな明かりさ。学者にとっては解決しなければならない問題なんだ。ぼくの仕事屋さんにとって、星は黄金。でも、こういう人たちすべてにとって星は口がきけないものなんだ。でも、おじさんはまったく特別な星をもつことになるよ」

кóе-чтó ある物. э́то и есть これがまさにその～. Как так? それはどういうこと？ тем, кто стра́нствует 旅をする人たちにとっては（тем は тот の複数与格）. ука́зывать (完了体 указа́ть) 指し示す. огонёк 光、ともしび. учёный 学者（形容詞変化）. зада́ча 課題. делéц 事業家. зо́лото 金、黄金. немо́й 口のきけない.

— Как так?

— Ты посмо́тришь но́чью на не́бо — а ведь там бу́дет така́я звезда́, где я живу́, где я смею́сь, — и ты услы́шишь, что все звёзды смею́тся. У тебя́ бу́дут звёзды, кото́рые уме́ют смея́ться!

И он сам засмея́лся.

— И когда́ ты уте́шишься (в конце́ концо́в всегда́ утеша́ешься), ты бу́дешь рад, что знал меня́ когда́-то. Ты всегда́ бу́дешь мне дру́гом. Тебе́ захо́чется посмея́ться со мно́ю. Ино́й раз ты вот так распахнёшь окно́, и тебе́ бу́дет прия́тно... И твои́ друзья́ ста́нут удивля́ться, что ты смеёшься, гля́дя на не́бо. А ты им ска́жешь: «Да, да, я всегда́ смею́сь, гля́дя на звёзды!» И они́ поду́мают, что ты сошёл с ума́. Вот каку́ю злу́ю шу́тку я с тобо́й сыгра́ю...

И он опя́ть засмея́лся.

— Как бу́дто вме́сто звёзд я подари́л тебе́ це́лую ку́чу смею́щихся бубе́нцов...

Он опя́ть засмея́лся. Пото́м сно́ва стал серьёзен:

— Зна́ешь... сего́дня но́чью... лу́чше не приходи́.

— Я тебя́ не оста́влю.

— Тебе́ пока́жется, что мне бо́льно... Пока́жется да́же, что я умира́ю. Так уж оно́ быва́ет. Не приходи́, не на́до.

— Я тебя́ не оста́влю.

Но он был чем-то озабо́чен.

— Ви́дишь ли... э́то ещё из-за змей. Вдруг она́ тебя́ ужа́лит... Зме́и ведь злы́е. Кого́-нибудь ужа́лить для них удово́льствие.

услы́шать 聞こえる. уме́ть + 不定形 〜する能力がある. уте́шиться 慰められる、安心する. в конце́ концо́в 結局. захоте́ться 〜したくなる. посмея́ться しばらく笑う. ино́й раз ときには. распахну́ть 開け放す. удивля́ться 驚く. гля́дя на не́бо 空をながめながら. сойти́ с ума́ 気が狂う. сыгра́ть злу́ю шу́тку 意地悪くからかう. как бу́дто あたかも. це́лая ку́ча 大量. смею́щиеся бубе́нцы 笑う鈴. серьёзный まじめな. лу́чше не приходи́ 来ないほうがいい.

「どういうことだい？」
「夜中におじさんが空を見るとね、そこにはぼくが住んでいて、ぼくが笑っている星があることになるでしょ ── だから、おじさんには、星が全部笑っているのが聞こえるんだよ。おじさんの星は笑うことができるんだよ！」
そして王子さま自身が笑いだしました。
「そして、おじさんがほっとしたらね（いつだって結局はほっとするんだもの）、おじさんは昔ぼくのことを知っていたことをうれしく思うよ。おじさんはいつだってぼくの友だちなんだから。おじさんはぼくと笑ってみたくなるよ。またあるときは、窓をパッと開け放つと、いい気持ちになるんだ… そうしたら、おじさんが空をながめながら笑うものだから、おじさんの友だちはびっくりするだろうね。おじさんはこう言うんだ。『ええ、ええ、わたしは星をながめながら、いつでも笑うんですよ！』って。そうしたら、みんなは、おじさんの頭がおかしくなっちゃったと思うだろうね。ね、ぼく、おじさんに、ずいぶん意地の悪いいたずらをすることになるね…」
そしてまた笑い出しました。
「星のかわりにものすごい数の笑う鈴をプレゼントしたようなものだものね…」
そしてまた笑いだしました。それから、ふたたび真剣になりました。
「ねえ… 今夜は… 来ないほうがいいよ」
「ほうってはおけないよ」
「ぼくが苦しんでいるように見えるかもしれない… ぼくが死ぬようにさえ見えるかもしれない。実際そういうこともあるものだから。来ないでよ、来ちゃだめだ」
「ほうってはおけないよ」
けれども王子さまは気がかりなことがありそうでした。
「つまりその… ヘビのこともあるんだ。ひょっとしてヘビがおじさんをかみでもしたら… ヘビというのは悪いやつらだからね。だれかにかみつくのが、ヘビにとっては喜びなんだからね」

оста́вить 放置する (оста́влю, оста́вишь...оста́вят). показа́ться 見える (покажу́сь, пока́жешься...пока́жутся). бо́льно 痛い、苦しい. умира́ть 死ぬ. так уж 実際. оно́ そういうこと. озабо́тить 心配させる (озабо́чен は被動形動詞 озабо́ченный の短語尾・男性形). ви́дишь ли いいですか. из-за＋生格（原因を表して）〜のために、〜のせいで. вдруг ひょっとして. ужа́лить かむ. удово́льствие 満足、喜び.

— Я тебя́ не оста́влю.

Он вдруг успоко́ился:

— Пра́вда, на двои́х у неё не хва́тит я́да...

В ту ночь я не заме́тил, как он ушёл. Он ускользну́л неслы́шно. Когда́ я наконе́ц нагна́л его́, он шёл бы́стрым, реши́тельным ша́гом.

— А, э́то ты... — сказа́л он то́лько.

И взял меня́ за ру́ку. Но что́-то его́ трево́жило.

— Напра́сно ты идёшь со мной. Тебе́ бу́дет бо́льно на меня́ смотре́ть. Тебе́ пока́жется, бу́дто я умира́ю, но э́то непра́вда...

Я молча́л.

— Ви́дишь ли... э́то о́чень далеко́. Моё те́ло сли́шком тяжёлое. Мне его́ не унести́.

Я молча́л.

— Но э́то всё равно́ что сбро́сить ста́рую оболо́чку. Тут нет ничего́ печа́льного...

успоко́иться 落ち着く、安心する. на двои́х 二人分（двои́х は дво́е の対格）. хвати́ть 足りる. уйти́ 去る、行ってしまう. ускользну́ть 急に姿を消す. неслы́шно そっと、音を立てずに. нагна́ть 追いつく. реши́тельный きっぱりとした. взял меня́ за́ руку わたしの手をつかんだ. трево́жить 不安にさせる、心配させる.

「ほうってはおけないよ」

王子さまは急に安心しました。

「そうだ、ヘビには二人分の毒はないはずだ…」

その夜、わたしは王子さまが出かけたことに気づきませんでした。王子さまはそっといなくなったのでした。

わたしがやっとのことで王子さまに追いついたとき、王子さまは、足早に、しっかりした足取りで歩いていました。

「ああ、おじさんか…」王子さまが言ったのはそれだけでした。

そうして、わたしの手をつかみました。けれども王子さまは何かにおびえていました。

「ぼくと来てもしかたがないよ。ぼくを見てもつらいだけだよ。ぼくが死ぬようにみえるだろうけど、そうじゃないんだ…」

わたしは黙っていました。

「つまりね… とっても遠いんだよ。ぼくの体は重すぎるんだ。体を持っていくことはできないんだよ」

わたしは黙っていました。

「でも、これは古い殻を脱ぎ捨てるのと同じことなんだ。そこには悲しいようなことは何もないんだ…」

напрáсно むだに. непрáвда うそ、虚偽. тéло 体、肉体. тяжёлый 重い. Мне егó не унестú. わたしにはそれを持ち去ることはできない（完了体不定形が述語の場合、否定は不可能を表す）. всё равнó что ～と同じ. сбрóсить 脱ぎ捨てる. оболóчка 殻. печáльный 悲しい.

Я молча́л.

Он немно́го пал ду́хом. Но всё-таки сде́лал ещё одно́ уси́лие:

— Зна́ешь, бу́дет о́чень сла́вно. Я то́же ста́ну смотре́ть на звёзды. И все звёзды бу́дут то́чно ста́рые коло́дцы со скрипу́чим во́ротом. И ка́ждая даст мне напи́ться...

Я молча́л.

— Поду́май, как заба́вно! У тебя́ бу́дет пятьсо́т миллио́нов бубе́нцов, а у меня́ — пятьсо́т миллио́нов роднико́в...

И тут он то́же замолча́л, потому́ что запла́кал...

— Вот мы и пришли́. Дай мне сде́лать ещё шаг одному́.

И он сел на песо́к, потому́ что ему́ ста́ло стра́шно.

пасть ду́хом 気を落とす、がっかりする (пасть の過去形は пал, па́ла). уси́лие 努力. сла́вно みごとだ、すばらしい. скрипу́чий во́рот きいきい鳴る巻上げ機.

わたしは黙っていました。
　王子さまは、いくらか気落ちしていました。けれども、それでも、もうひと頑張りしました。
　「とてもすばらしいだろうねえ。ぼくも星を見るようになるよ。そうしたら、星は全部きいきい鳴る巻上げ機のついた井戸のようになるんだ。そしてどの星もぼくにたっぷり水を飲ませてくれるのさ…」
　わたしは黙っていました。
　「おかしいだろうねえ！　おじさんには鈴が5億、ぼくには泉が5億だ…」
　するとそこで王子さまも口をつぐみました。泣きだしたからでした…
　「さあ、着いた。あと一歩は、ぼくに一人でさせてちょうだい」
　そうして王子さまは砂の上に腰をおろしました。王子さまは、恐ろしくなってしまったのです。

пятьсо́т миллио́нов　5億. замолча́ть　黙り込む. запла́кать　泣きだす. Вот мы и пришли́.　さあ到着した. одному́　一人で.

Потóм он сказáл:

— Знáешь... моя́ рóза... я за неё в отвéте. А онá такáя слáбая! И такáя простодýшная. У неё тóлько и есть что четы́ре жáлких шипá, бóльше ей нéчем защищáться от мúра...

Я тóже сел, потомý что у меня́ подкосúлись нóги. Он сказáл:

— Ну... вот и всё...

Помéдлил ещё минýту и встал. И сдéлал одúн тóлько шаг. А я не мог шевельнýться.

Тóчно жёлтая мóлния мелькнýла у егó ног. Мгновéнье он оставáлся недвúжим. Не вскрúкнул. Потóм упáл — мéдленно, как пáдает дéрево. Мéдленно и неслы́шно, ведь песóк приглушáет все звýки.

простодýшный 無邪気な、お人好しの. тóлько и есть что ～ あるものは～だけ. жáлкий 哀れむべき. шип とげ. нéчем защищáться 身を守るすべがない. подкосúться 足が立たない. вот и всё これでおしまい. помéдлить ぐずぐずする.

それから王子さまが言いました。
「ねえ…　ぼくのバラ…　ぼくはバラに責任があるんだ。バラはあんなに弱いんだもの！　それにあんなにお人よしなんだもの。バラにあるものといえば、みじめな４本のとげだけで、あとは世の中から身を守れるものは何もないんだ…」
　わたしも腰をおろしました。足がすくんで歩けなくなったのでした。王子さまが言いました。
「うん…　これでいい…」
　まだちょっとぐずぐずして、立ち上がりました。そして一歩だけ踏みだしました。わたしは身動きできませんでした。
　王子さまの足もとで黄色い稲光がピカッと光ったみたいでした。一瞬、王子さまは身じろぎもしませんでした。声は上げませんでした。それから倒れました ── 木が倒れるように、ゆっくりと。ゆっくりと音も立てずに。砂はあらゆる音を消してしまいます。

шевельну́ться　かすかに動く．мо́лния　稲妻．мелькну́ть　またたく．мгнове́нье（＝мгнове́ние）瞬間、一瞬の間．недви́жимый　動かない．вскри́кнуть　悲鳴を上げる．приглуша́ть（音を）消す．

CD 19

И вот прошло́ уже́ шесть лет... Я ещё ни ра́зу никому́ об э́том не расска́зывал. Когда́ я верну́лся, това́рищи ра́ды бы́ли вновь уви́деть меня́ живы́м и невреди́мым. Гру́стно мне бы́ло, но я говори́л им:

— Э́то я про́сто уста́л...

И всё же понемно́гу я уте́шился. То есть... не совсе́м. Но я зна́ю: он возврати́лся на свою́ плане́тку, ведь, когда́ рассвело́, я не нашёл на песке́ его́ те́ла. Не тако́е уж оно́ бы́ло тяжёлое. А по ноча́м я люблю́ слу́шать звёзды. Сло́вно пятьсо́т миллио́нов бубенцо́в...

Но вот что порази́тельно. Когда́ я рисова́л намо́рдник для бара́шка, я забы́л про ремешо́к! Ма́ленький принц не смо́жет наде́ть его́ на бара́шка. И я спра́шиваю себя́: что́-то де́лается там, на его́ плане́те? Вдруг бара́шек съел ро́зу?

ни ра́зу не 一度も～ない. невреди́мый 無事な. гру́стно 悲しい. всё же それでもやはり. понемно́гу 少しずつ. рассвести́ 夜が明ける.

あれからもう６年が過ぎました… わたしはこの話を、まだだれにも一度もしたことがありません。わたしが戻ったとき、同僚たちは、生きて無事戻ったわたしをまた見ることができたことを喜びました。わたしは悲しかったのですが、みんなにこう言いました。

「ただちょっと疲れただけさ…」

それでもやはり、少しずつですが、わたしは落ち着きました。つまり、すっかりというわけではありません… でも、わたしは知っています。王子さまは自分の星に帰ったのです。なぜなら、夜が明けたとき、砂の上には王子さまの体はなくなっていたのですから。体はもうそれほど重くなくなっていたのでしょう。わたしは毎晩星に耳をすますのが好きです。あたかも５億の鈴のようで…

ところで、びっくりするようなことがあるのです。わたしが子羊の口輪を描いたとき、わたしはバンドのことを忘れていたのです！ 星の王子さまは子羊に口輪をつけることができないのです。それで、わたしはひとりで考えます。王子さまの星で何かが起こっているのだろうか？ ひょっとして、子羊がバラを食べてしまったんじゃないだろうか、と。

по ноча́м 夜ごとに．порази́тельно 驚くべきだ．ремешо́к バンド．де́латься 起こる、生じる．съесть 食べてしまう．

Иногда́ я говорю́ себе́: нет, коне́чно, нет! Ма́ленький принц на́ ночь всегда́ накрыва́ет ро́зу стекля́нным колпако́м, и он о́чень следи́т за бара́шком... Тогда́ я сча́стлив. И все звёзды тихо́нько смею́тся.

А иногда́ я говорю́ себе́: быва́ешь же поро́й расссе́янным... Тогда́ всё мо́жет случи́ться! Вдруг он ка́к-нибудь ве́чером забы́л про стекля́нный колпа́к и́ли бара́шек но́чью втихомо́лку вы́брался на во́лю...

И тогда́ бубенцы́ пла́чут... Всё э́то зага́дочно и непостижи́мо. Вам, кто то́же полюби́л Ма́ленького при́нца, как и мне, э́то совсе́м, совсе́м не всё равно́: весь мир стано́вится для нас ины́м оттого́, что где́-то в безве́стном уголке́ Вселе́нной бара́шек, кото́рого мы никогда́ не ви́дели, быть мо́жет, съел незнако́мую нам ро́зу.

Взгляни́те на не́бо. И спроси́те себя́: жива́ ли та ро́за и́ли её уже́ нет? Вдруг бара́шек её съел?.. И вы уви́дите: всё ста́нет по-друго́му...

И никогда́ ни оди́н взро́слый не поймёт, как э́то ва́жно!

на́ ночь 寝る前に. накрыва́ть かぶせる. стекля́нный колпа́к ガラスのおおい. следи́ть за + 造格 〜を見張る. поро́й ときおり. рассе́янный 散漫な、ぼんやりした. втихомо́лку こっそり、黙って. вы́браться на во́лю 自由になる. зага́дочно 神秘的だ、なぞめいている. непостижи́мо 理解しがたい. полюби́ть 好きになる.

ときどきわたしは心のなかで思います。『いや、もちろん、そんなことはない！ 星の王子さまはいつも寝るまえに、バラにガラスのおおいをかぶせるし、しっかり子羊を見張っているのだから…』

すると、わたしは幸せになります。そして、すべての星が静かに笑います。

またこんふうに思うこともあります。『ときには、うっかりすることだってあるさ… そうなると何が起こってもふしぎはない！ ひょっとして、何かの拍子にガラスのおおいを忘れるとか、子羊が真夜中にこっそり自由になってしまうとか…』

そうなると、鈴がすべて泣くのです… こうしたことはすべて、なぞめいていて不可解です。わたしと同じように星の王子さまが好きになったみなさんにとっては、こうしたことはちっとも、ちっともどうでもいいことではありません。だれも知らない宇宙の片すみで、一度も見たことのない子羊が、われわれの知らないバラを食べてしまったかもしれない、という、そんな理由で、世界全体がわたしたちにとって別なものになってしまうのですから。

空に目を向けてください。そして、こう自分にたずねてください。『あのバラは生きているのだろうか、それとも、もういなくなってしまったのか？ ひょっとして子羊が食べてしまったのだろうか？』と。すると、すべてががらりと変わってしまうのがわかるでしょう…

そして、こうしたことがどれほどだいじなことか、おとなはだれも決してわからないものなのです！

всё равно́ どうでもよい. ино́й 別の、ほかの. отто́го, что 〜という理由で. безве́стный 無名の、だれも知らない. Вселе́нная 宇宙（形容詞変化）. незнако́мый нам われわれに知られていない. взгляну́ть 目を向ける. по-друго́му 別のように. поймёт＜поня́ть 理解する（пойму́, поймёшь…пойму́т）.

Это, по-моему, самое красивое и самое печальное место на свете. Этот же уголок пустыни нарисован и на предыдущей странице, но я нарисовал ещё раз, чтобы вы получше его разглядели. Здесь Маленький принц впервые появился на Земле, а потом исчез.

Всмотритесь внимательней, чтобы непременно узнать это место, если когда-нибудь вы попадёте в Африку, в пустыню. Если вам случится тут проезжать, заклинаю вас, не спешите, помедлите немного под этой звездой. И если к вам подойдёт маленький мальчик с золотыми волосами, если он будет звонко смеяться и ничего не ответит на ваши вопросы, вы уж, конечно, догадаетесь, кто он такой. Тогда — очень прошу вас! — не забудьте утешить меня в моей печали, скорей напишите мне, что он вернулся...

(CD19 ここまで)

по-моему わたしの考えでは. нарисовать 描く (нарисован は被動形動詞過去 нарисованный の短語尾・男性形). предыдущий 先行する. страница ページ. получше もっとよく. разглядеть 見分ける. исчезнуть 消える、姿を消す (過去形 исчез, исчезла). всмотреться 見つめる. непременно かならず、きっと.

－ 168 －

ここは、わたしの考えでは、この世でもっともきれいで、もっとも悲しい場所です。砂漠のこの同じ片すみは前のページにも描きましたが、わたしはみなさんにもっとよくわかるように、もう一度描きました。ここが星の王子さまが最初に地球上に現れ、そして姿を消したところです。

　いつかアフリカの砂漠に行くことがあったら、かならずこの場所がわかるように、注意して見てください。もしも、ここを横切るはめになったら、どうか急がずに、この星の下で少しゆっくりしてください。そして、もしも、みなさんのほうへ、金色の髪をした小さな男の子が近づいてきて、その子がよく響く声で笑い、みなさんの質問には何も答えなかったら、もちろん、その子がだれか、見当がつくでしょう。そのときは ── どうかお願いです！── 忘れずに、わたしの悲しみを慰めてください。王子さまが帰ってきた、とすぐにお便りをください…

попадёте＜попасть 行き着く（попаду, попадёшь...попадут）. случиться＋不定形 ～するめぐりあわせになる. заклинать 懇願する. догадаться 推量する、見当をつける. кто он такой 彼がいったい何ものか. забыть 忘れる（命令形 забудь, забудьте）. утешить＋対格＋в＋前置格 ～の…を慰める. скорей（＝поскорée）できるだけ早く.

-169-

八島　雅彦（やしま　まさひこ）
1958年生まれ。東京外国語大学大学院修士課程修了。
慶應義塾大学、拓殖大学他非常勤講師。
主要著書および訳注書：『人と思想 トルストイ』（清水書院），『ロシア語一日一善』，『クルイロフの寓話』，『ロシア語で読むグリム童話』，『ロシア語名言・名句・ことわざ辞典』，『現代ロシア語文法 中・上級編』共著（以上東洋書店），トルストイ『生命について』（集英社文庫），『トルストイのアーズブカ』（新読書社），2012年ＮＨＫラジオ・ロシア語講師。

　　　　ＣＤ吹込み者：オレーグ・ヴィソーチン
　　　　　　　　　　エレーナ・ヴィソーチナ

新版　ロシア語で読む
星の王子さま ＣＤ付　　　定価はカバーに表示してあります。

2016年4月1日　新版第1刷発行Ⓒ

訳注者	八　島　雅　彦
原著者	サン・テグジュペリ
ロシア語訳者	ノーラ・ガリ
発行者	揖　斐　　　憲
発　行	東洋書店新社
	〒150-0043　東京都渋谷区道玄坂1丁目
	19番11号　寿道玄坂ビル4階
	電　話　03-6416-0170
	ＦＡＸ　03-3461-7141
発　売	垣内出版株式会社
	〒158-0098　東京都世田谷区上用賀
	6丁目16番17号
	電　話　03-3428-7623
	ＦＡＸ　03-3428-7625
印刷・製本	株式会社メディオ
装　幀	大　坪　佳　正

落丁，乱丁本はお取り替え致します。　　　　　ISBN978-4-7734-2007-4

東洋書店新社の好評関連書

新版 一冊目のロシア語
中澤英彦 著
A5・256頁・CD付・本体2,000円

- 初心者がまず手に取るべき最良の入門書。
- ロシア語のエッセンスを反復練習し、初心者も論理的に学べる構成。最初の5課は例文にルビを付け、ロシア語の文字に徐々に親しむことができる。

新版 現代ロシア語文法
城田 俊 著
A5・684頁・本体4,800円

- ロシア語学習に必須の文法が体系的・網羅的に学べる、本格的な文法書の決定版。
- ロシア語独習書のロングセラー『現代ロシア語文法』の初版を凌駕する、圧倒的ボリュームの改訂版を復刊。

新版 時事ロシア語
加藤 栄一 著
A5・320頁・本体2,800円

- BBC等の実際のニュース報道を素材にして、最新の「時事ロシア語」を政治、経済から文化に至るまで詳細に解説。
- 豊富な索引もつき、一冊で新聞・雑誌からネットまでロシアの今がわかる!

新版 ロシア語使える文型80
佐山 豪太 著
A5・192頁・CD付・本体2,800円

- 「初級を終えたけれど、その先が…」「読めるけれど、しゃべれない…」という人に。
- 単語とあわせて「文型」=表現の型を覚えることで、言いたかったことが形になる!
- 実践的な会話のために、使える文型を80厳選し、用法が身につくよう例文を豊富に用意。

新版 ロシア語文法便覧
宇多文雄 著
A5・484頁・本体4,200円

- あらゆるレベルの学習者に役立つ。辞書のように使い込むうちに自然とロシア語の力を高めることができる実用的文法書。
- 豊富なロシア語教授の経験に基づいて執筆。学習者必携の参考書。

新版 一冊目の韓国語
五十嵐 孔一 著
A5・328頁・CD付・本体2,800円

- 基礎固めから中級レベルまで。本当に身になる韓国語。
- 日本語話者のつまづきやすいポイントに配慮。学びなおしたい人にも最適。
- 圧倒的分量の練習問題で、「一皮剥けたい」学習者に!

発売:垣内出版